LA TRANSE
DES INSOUMIS

DU MÊME AUTEUR

LES HOMMES QUI MARCHENT, Ramsay, 1990 ; Grasset, 1997 ; Livre de Poche, 1999.

LE SIÈCLE DES SAUTERELLES, Ramsay, 1992 ; Livre de Poche, 1996.

L'INTERDITE, Grasset, 1993 (Prix Méditerranée des jeunes. Mention spéciale Jury Femina) ; Livre de Poche, 1995.

DES RÊVES ET DES ASSASSINS, Grasset, 1995 ; Livre de Poche, 1997.

LA NUIT DE LA LÉZARDE, Grasset, 1998 ; Livre de Poche, 1999.

N'ZID, Seuil, 2001.

MES HOMMES, Grasset, 2005.

MALIKA MOKEDDEM

LA TRANSE
DES INSOUMIS

BERNARD GRASSET

PARIS

Pour mon père ce livre qu'il ne lira pas

Pour Anne Bragance.

*Quand l'oiseau du sommeil pensa faire son nid
dans ma pupille, il vit les cils et s'effraya du filet.*

Ben Alhamara (poète andalou)

AVERTISSEMENT

Cioran a dit de l'insomnie qu'elle *est l'héroïsme du lit*. Tantôt élevée, cultivée en performance, en supplément de vie, tantôt subie, l'insomnie commence pour moi avec les premiers souvenirs de l'enfance. Dans ce livre, j'essaie d'en remonter les méandres, d'en sonder les opacités. J'entreprends d'y fouiller les angoisses, la fantasmagorie, les réminiscences, les luttes, les rébellions, les transgressions dont les nuits blanches sont le creuset. La panique des réveils en sursaut à partir de l'âge de trois ans et demi à quatre ans, je l'y retrouve intacte. Des contorsions calculées, anxieuses, finissent par m'extraire du corps familial, endormi par terre sur une couche commune. Avec le droit à l'insomnie, c'est celui d'avoir un corps à moi, distinct de la cellule familiale que je conquiers. La solitude et la lecture en seront les seules libertés jusqu'à la fin de l'adolescence, jusqu'à mon départ du désert. L'accès à la solitude et les livres ont été les conquêtes inestimables de ce temps-là. Elles ont tracé les jalons de ce que j'appellerai plus tard mon premier exil, le savoir.

Les chapitres portant en tête *Là-bas* reprennent des tranches de vie de l'enfance et de l'adolescence en Algérie. Déjà relatées dans *Les hommes qui marchent*, je m'attache ici à eu revisiter les thèmes essentiels de cet axe focal, de cette tangente du lit, de tous les lits, de leurs liens. La guerre d'Algérie, largement abordée dans *Les hommes qui marchent* n'est qu'évoquée.

11

En parallèle, Les chapitres intitulés *Ici* mettent en regard la continuité de cette même *intranquillité* en France et le prix payé à l'autre rive du livre, l'écriture.

Toute ressemblance avec des personnes existant ou ayant existé est donc indéniable. Des comportements infâmes, rares sont les auteurs nommément cités à comparaître. Si je décris des exactions sans que l'identité des responsables soit révélée, c'est que finalement ces derniers me sont insignifiants en eux-mêmes. Seuls comptent dans ce cas le contexte et le souci de vérité qui soustendent ce texte.

LE LIT DEBOUT

Ici

Il est parti ce matin. Je suis seule dans le lit. Seule
ce soir dans notre odeur. Pourtant les draps ont été
changés. Mais l'odeur est bien là, dans la fibre du
tissu. Dans la mémoire du lit. Dans nos dix-sept ans
de corps, de souffles enchevêtrés. De serments, de
rêves en lacis. Mes insomnies endiguées par son
repos profond, à lui. Mes doutes réfugiés contre ses
convictions. Dans notre peau à peau, je peux lire
longtemps. Jusqu'à ce que tombe le sommeil et
tombe le livre. Peau à peau avec les mots.

Il ne dormira plus avec moi dans ce lit. Je suis
encore anesthésiée par la brutalité de cette certitude. Je suis comme un amputé au réveil d'une opé-
ration. Quand la douleur est encore absente. Elle
viendra lorsque l'absence aura pris corps. Avec la
pleine conscience de la mutilation.

Je me tourne, me retourne dans le lit. J'ai beau
me dire que tout ça n'est que dans ma tête, des

bouffées sourdent des draps, submergent ma respiration. Au moindre mouvement. Je n'éteins pas. Je ne lis pas le livre ouvert. Je fixe, hébétée, la place désertée. J'écoute le silence de la maison dans le raffut de la tramontane.

Il a fait ce lit de ses mains. Des lames de parquet et quelques chevilles. À la tête du lit, un large montant borde des traverses de chevet. C'est l'espace réservé aux livres, aux revues.

Recroquevillée sur le côté, j'ai tout à coup l'impression de m'agriffer à un radeau pris dans la tourmente. La tramontane, forte ce soir, l'alcool, le somnifère, la tragédie du pays... Ce silence en moi énorme. Les éléments, les humains déchaînés autour. Tout ça. Oui.

Je m'arrache à l'odeur, au lit, claque la porte, traverse la maison vers l'aile opposée, la partie ancienne. Un *mazet* de campagne à l'origine. Un escalier en colimaçon mène à la chambre d'amis. Je m'arrête devant cet autre lit. Non. Je ne peux pas dormir là non plus. Je m'en détourne, dégringole les marches sans m'attarder sur les raisons de ce refus. Je n'en ai ni la force ni l'envie.

Une grande mezzanine au-dessus du salon me tient lieu de bureau. C'est là que j'écris. J'ai commencé à écrire là. L'Algérie. Bien sûr. Et

16

l'Algérie pour moi c'est d'abord le désert. J'ai écrit le pays après des années de rupture. Dans l'endroit suspendu de l'écriture.

Un lit Empire à une place y occupe un coin contre le conduit de la cheminée. Je m'y pelotonne. La tête vide, un *crabe* dans le ventre, je prête l'oreille à la tramontane. Les hurlevents fouettent les chênes verts, griffent les amandiers en fleurs, les micocouliers encore dénudés.

Je pense toujours au vent de sable dans la tramontane. Surtout en cette saison, la sienne. Ce soir de début mars 1994, le vent, l'errance entre les lits, la solitude peut-être me ramènent au désert. Là-bas, le sirocco donne au printemps une odeur de poussière. L'amour entre hommes et femmes n'existait que dans les chansons, les contes et les livres. Là-bas, je n'avais eu un lit que bien tard. Là-bas, j'avais conquis de haute lutte le droit de dormir ou plutôt de veiller seule. Le droit à l'insomnie rivée aux livres, emportée par leurs ailleurs. Dans des couchages improvisés, menacés, nomades, l'insomnie, la solitude et la lecture avaient été mes premières libertés.

Là-bas

À quand remontent les premiers souvenirs des *lits* de l'enfance? Trois ans et demi à quatre ans. Oui, pas plus. J'ai quelques repères. C'est avant l'école. Juste avant le début de la guerre d'Indépendance. Un temps où les rares militaires qui se hasardent vers notre fief isolé au pied de la dune ne sont que des apparitions exotiques. Nous ne sommes pas encore réveillés, matin, par les semonces de bazooka ou autres canons des champs de tir. Nous ne nous levons pas encore en sursaut pour aller regarder les paras grouiller sur la dune comme des nuées de sauterelles. Nous n'avons pas encore l'électricité. Nous nous éclairons avec des quinquets à acétylène. Un poêle et deux canounes nous servent autant de foyer que de sources de chaleur. Nous n'avons pas l'eau courante. Mon père est le gardien d'un château d'eau situé à cent mètres de la maison. Ma mère est déjà un tâcheron

du ménage. Une ribambelle de seaux, de cha-
mailleries, d'affabulations, de piétinements, de dos
cassés tissent la journée entre le puits et ses mains
affairées.

Grand-mère et mon oncle dorment dans la cuisine. Les enfants avec les parents dans l'unique
chambre. Une natte en alfa, un plaid pour chacun,
des oreillers jetés par-dessus et nous nous allon-
geons les uns contre les autres. L'hiver, nous nous
glissons sous une couverture commune en laine
qui pèse la misère de la terre. Trop raide, trop
épaisse, elle m'écrase, me donne des cauchemars
d'étouffement. Je me réveille plusieurs fois la nuit
en suffoquant. L'odeur de la laine, les remugles
d'entrailles couvés là-dessous ne sont pas étrangers
à cette sensation. Je m'assieds, cherche le canoune
des yeux sans le voir. Il ne rougeoie plus. Un grognement à proximité me rappelle à l'ordre. Ma
position a écarté la couverture, cet *étouffe-musul-
mans*, et découvert des cous, des épaules.
Est-ce là que s'enracinent les insomnies qui vont
déclarer leur règne dès la puberté? Dans cet étei-
gnoir tissé maison, avec la rigidité de la tradition?
Dans ce sommeil où s'encastrent les différentes

chairs ? Une hydre dont les grommellements, les éructations nocturnes prolongent les interdits de la journée réduisant chacun à un membre, une fonction ?

À cet âge je ne me pose pas toutes ces questions. Je sais seulement que j'étouffe la nuit. Je sens seulement le poids de la couverture, le piège des corps. Je mets du temps à m'en extirper. Lorsque je parviens enfin à m'asseoir, j'observe avec effarement le sommeil des autres. Ainsi soudés par la même absence, les paupières jointes, ils figurent une coalition sournoise dont je me trouve exclue. Parfois l'abandon des corps m'épouvante. La tentation me prend de les secouer pour les alerter, les secourir. La peur des grognements, des rebuffades arrête mon élan. Je hais le sommeil. Je voudrais pouvoir ne jamais dormir.

Cependant malgré les premières injustices, les premiers chagrins et rébellions, l'enfance se prête longtemps à l'émerveillement. Et dans ce souvenir, les terreurs, les relents de pipi et autres flatulences sont encore évincés par les fragrances des rares réveils radieux. La douceur du babil des petits frères et sœurs. Les brumes qui gagnent de pupille en pupille. Au bord du sommeil, front contre front, les jambes emmêlées, un index sur la joue de l'autre, sur son nez ou brodant une toile hasardeuse aux divagations des mots, le conciliabule des enfants a le secret et la béatitude du dialogue amoureux.

Je me lève, déserte la couche collective, fuis ses ronchons et, d'un pas prudent, rejoins celle de grand-mère dans la cuisine. Mes intrusions au milieu de son sommeil ne l'effraient plus. Elle m'ouvre des bras habitués et roucoule quelques paroles de réconfort. Je me blottis contre elle, le museau dans son cou. Avec des rires attendris, elle me murmure des contes, des récits nomades. Grand-mère est toujours très en verbe la nuit. Peut-être a-t-elle des angoisses elle aussi. Maintenant je le pense. Exilée de sa vie nomade à un âge tardif, elle n'a plus que les mots pour fuir l'immobilité sédentaire et retrouver ses départs et ses arrivées. Ses mots se mettent à danser dans le noir, à la cadence de ses pas jadis sur les pistes des steppes d'alfa sans limites. Elle raconte. Je vois. Je vois l'étendue gris-bleu de l'alfa. Je vois ses remous de chevelure dans la brise. J'entends son froissement de crin quand le vent se déchire et piaule sans trouver où s'arrêter. Je sens son souffle où des noms d'aromates s'égrènent en poème. J'imagine les jours de marche harassée. La silhouette du Djebel Amour vautré tel un dinosaure au large des steppes. La fulgurance des chevaux. Le halo de poussière rouge qu'ils traînent derrière eux. Grand-mère a un répertoire fantastique sur les chevaux, symboles des hauts plateaux. Je ne m'aperçois pas que des cavalcades ailées m'emportent enfin vers le sommeil.

Ici

C'est la nuit que l'absence est terrible. C'est dans l'insomnie que se creuse la lucidité. Dans la journée, la médecine et l'écriture m'absorbent totalement. Dans la journée, je soigne d'autres corps ou en écrivant me soigne moi-même de l'Algérie, de la gangrène affective. Je ne vois pas le temps passer. Mais la nuit revient avec le désespoir d'un pays. Les élancements des amours fantômes. Les silences éreintés.

Recroquevillée dans le petit lit de mon bureau, j'ai l'impression que mes orteils et mes doigts sont de glace. J'ai le vide au corps, le cerveau de verre pilé. L'innomé et l'immonde m'assaillent dans l'abandon de la nuit.

Comment un seul homme peut-il être l'amour, l'amant, l'ami, le frère, le père, la mère, le fils ? Une tribu à lui seul ? Jean-Louis a été tous ceux-là pour moi pendant dix-sept ans. Je me sens orpheline de lui, l'homme multiple. Je promets de ne plus me laisser aller à une telle dépendance. Ne plus jamais masquer tous les manques par une unique présence.

Dans l'obscurité, je pense à ma tribu de naissance. Je ne l'ai pas quittée par rejet ou par goût d'aventures. Je me suis coupée d'elle pour ne pas mourir d'étouffement. Maintenant, je me sépare de l'homme que j'aime parce que c'est lui qui suffoque de me voir le corps et le mental chevillés à l'écriture. Il dit que l'écriture m'emporte moi en le laissant sur place. Il en est devenu sombre et aigre, lui, ma joie. En d'autres temps, ma famille avait bataillé contre ma *dévoration* des livres, la jugeant prémices de vices plus grands. Sous les aspects les plus divers, je me suis toujours trouvée en butte à la hantise ou la jalousie suscitée par le livre. Ce livre pour le champ duquel c'est moi qui décampe tout le temps.

Mes parents n'ont jamais eu le privilège de fréquenter une école, fût-elle seulement coranique. Ils sont musulmans avec cette foi qui ne s'est frottée à aucun choix. Une solidité forgée par des siècles d'oralité au service d'un seul oracle. Mais leur humilité se transforme en intransigeance devant toute crainte de dissidence. Surtout à l'égard des filles. Moi la tradition, j'ai toujours été contre. Je fais corps avec elle quand elle vibre d'émotion, nourrit l'esprit, enrichit la mémoire. Je l'affronte, la répudie quand elle se fige en interdits, s'érige en prison.

Le compagnon que je me suis choisi est français. S'il n'a rien du macho, loin s'en faut, c'est parce qu'il s'en est toujours défendu comme d'une forme d'infirmité. Seulement, il panique à me regarder m'éloigner dans l'écriture. Il craint de me perdre et me perd pourtant. J'ai longtemps espéré qu'il ne me lâche pas la main. Au fil des années, ses baisers dans le demi-sommeil ont fini par me faire croire notre amour éternel. À l'effleurement de ses lèvres sur ma peau, la nuit, ses bras et son corps étaient mon continent. Mais le drame de l'Algérie rouvre de telles blessures en moi. Des plaies anciennes devant lesquelles il se sent impuissant, exclu. Et moi vrillée par tout ça, je me dis : « La solitude me rattrape! » Que faire quand tout se fend et vacille sinon aller jusqu'au bout? Avec l'orgueil récalcitrant de me croire capable de maîtriser au moins ce qui relève de ma décision. Je sais depuis toujours le prix de la liberté. Je sais ce que je dois aux livres. L'énormité de ce qui m'échappe aussi.

Ce n'est pas d'aujourd'hui que les choses se sont mises en branle. En 1994, cela fait neuf ans déjà que l'écriture s'impose. La carrière du médecin spécialiste en a payé les premiers frais. Neuf ans que cette profession que je vénère se trouve pourtant reléguée au second plan. L'incompréhension de Jean-Louis a commencé à ce moment-là. Aux débuts de l'écriture et de ses interrogations. Et pourtant il n'était pas peu fier de ma ténacité, de mon obstination.

Les hommes ne le supportent pas : une femme qui écrit. C'est cruel pour l'homme. C'est difficile pour tous, a dit Duras dans *Écrire*. Duras définitive.

Toutes ces ruptures, ces amputations pour arracher d'abord, pour sauvegarder ensuite le droit de décider pour moi-même. À chaque instant. Cette répétition a fini par extorquer une part d'ivresse à la traversée des détresses. Elle a gorgé de volupté les refus. Seulement je n'en peux plus de conjuguer refuser, quitter, respirer avec déguerpir. Je ne le veux plus. J'ai quitté ma famille, le désert, plusieurs amours algériennes, le pays... C'est la première fois que je reste sur les lieux d'une rupture. Mais c'est *ma* maison. J'ai mis longtemps à trouver ce site. J'ai eu le coup de foudre, au premier regard, pour ses arbres, ses murets en pierre, sa situation en nid d'aigle au bord d'une falaise. L'architecte l'a dessinée d'après mes directives. Il a dû maintes fois revoir sa copie jusqu'à ce qu'elle corresponde parfaitement à mes attentes. J'en ai tracé moi-même les terrasses, sculpté le jardin... On me dit souvent que ma maison est à mon image, arabe et méditerranéenne. Sitôt que j'y ai habité, je me suis mise à écrire. Comme si l'écriture avait attendu ce lieu-là pour enfin venir. À dire vrai, un autre désarroi m'y avait jetée... Mais depuis, je n'ai plus besoin de fuir. Depuis, c'est l'écriture, le plus grand départ, c'est là que j'essaie d'aller au plus loin. Maintenant je dois interpeller les silences du passé pour mieux habiter le bastion de ma solitude.

Il n'y a pas de rue à mon adresse. Un chemin court au bord d'une falaise. *Le Chemin des Aires Prolongé*. Je dis : « mon désert prolongé » et me rengorge intérieurement : « Il n'y a pas de hasard, tu n'as pas eu à le réinventer ! Les précipices qui hantent les chemins, ça te connaît. »

Est-ce une habitude d'expatriée et d'insomniaque de se raconter des histoires ? Est-ce par peur de me perdre ? Pour endormir les menaces de l'inconnu ? Est-ce une façon d'exister envers et contre tout ? Comme ma grand-mère, j'ai besoin des mots des départs et des arrivées pour trouver le répit. La voix tantôt monocorde, tantôt hallucinée du désert. Comme elle, je n'ai que des mots, leur mémoire incrustée pour enjamber les gouffres.

Nous avons fait beaucoup de choses nous-mêmes dans cette maison. Et tous les lieux qui avaient exigé de nous des heures de travail commun m'insupportent maintenant. Seule la mezzanine, l'endroit de l'écriture, demeure un havre. Comme si les années passées à y écrire en avaient solidement campé la solitude, écartant peu à peu tout obstacle à ce dessein. Le temps serré de l'écriture tient ce donjon dans sa seule raison.

Casser le lit ! Il faut casser ce lit qu'il a fait de ses mains. Casser ce lit de mes mains. Démanteler lame par lame ce radeau abandonné dans une chambre vide. Casser, rompre, j'ai toujours su. Un poids ôté de la poitrine qui creuse un vide plus grand. Mais la rupture se pare de sortilèges insoupçonnés. Elle travestit la douleur et le désespoir en délivrance, les embrase de désir. Elle devance la peur, toutes les peurs et m'entraîne toujours plus loin. Là où plus rien ne subsiste des affrontements, des déchirements hormis quelques souvenirs arrachés.

J'ai toujours su crâner pour repousser les lamentations.

Gelée tout à l'heure, au coucher, ma peau se met à brûler sous la couette. Je sors les jambes, les bras, me débats avec l'insomnie. Dehors, la tramontane râle sans perdre souffle. Combien de temps encore à rugir ? On lui prête une durée, des prolongations en triades : trois, six, neuf jours... d'affilée. Mais la tramontane se moque des dictons, parfois même des prévisions. Elle se donne à sa dépression jusqu'à lui faire cracher l'âme avec des clameurs démentes. Elle abrase le bleu du ciel, racle la rocaille, injecte les yeux, survolte les nerfs à mettre les cervelles en capilotade.

J'aime le vent, tous les vents, surtout la nuit. Le vent de sable au désert, la tramontane ici, tous les grains en mer. Je les aime violents et féroces. Quand ils s'abattent comme une rossée sur les ron-ronnements du monde. Ce soir derrière la tramontane, il me semble entendre le brame du vent de sable qui m'exhorte :

« Casse ce foutu lit ! Tous les liens, tous les cadres qui piègent. Toutes les bondieuseries de l'amour. A l'encan tout ce clinquant ! Allez, même la quincaillerie des souvenirs ! »

Il est 3 heures 30 du matin. D'un geste vif, je rejette la couette, bondis du lit, vais chercher un verre d'eau. J'ai du sable sous les paupières et la gorge sèche.

Là-bas

La soif n'est que la phase lucide de la longue angoisse qui finit par m'extraire des couvertures à toute heure de la nuit. D'abord une horrible suffocation. Poids écrasant. Temps arrêté. Je me débats pour me réveiller avec le sentiment que je n'y arriverai jamais. Peu à peu perce une autre impression : je me trouve au fond, sous tous les corps. Comme si la couche familiale s'était creusée en fosse commune. Touffeur de la laine détrempée d'urine. État comateux. Je lutte encore. Le feu à la gorge, les rouleaux du sang dans la tête, j'atteins enfin le palier de la conscience. J'écarquille les yeux. Comment vais-je pouvoir déboîter mes membres, ma poitrine, de ceux des autres ? Avec des reptations calculées, anxieuses, j'entreprends de m'extirper du caparaçon tissé maison. Sitôt debout, la fraîcheur de la pièce me soulage. Il me faut boire.

Je jette un regard vers ma mère allongée quelques corps plus loin. L'idée me traverse d'aller m'apaiser contre sa poitrine, me revigorer contre ses seins. L'idée saugrenue, je le sais, que l'abandon du sommeil me la rendrait peut-être plus accessible. La certitude d'être rabrouée m'arrête. C'est un petit frère qui dort contre son flanc. Dans la journée, c'est toujours un petit frère qui a le privilège d'occuper son giron. Les rares moments où les tâches ménagères lui lâchent enfin les mains.

Surmontant l'appréhension du noir, je me dirige à pas de loup vers la grande jarre et puise un peu d'eau. « C'est toi ? » L'interpellation de grand-mère me donne des ailes. Je vole vers elle. C'est si rare qu'elle soit endormie ou qu'elle ne se réveille pas à mon errance silencieuse dans la nuit. Ces soirs-là son appel me manque terriblement. Seul un accès de scrupule pour son sommeil que je sais fragile me retient de me réfugier dans sa couche. L'âme en peine, je prends alors le parti d'ausculter le silence de la maison, d'apprivoiser l'obscurité. Lors de l'une de ces déambulations nocturnes, je renverse la grande jarre. Ce geste malencontreux casse notre principale réserve d'eau. Pas précipités. Éclats de voix. Sermons sur les périls qui guettent les errements inconsidérés dans l'obscurité. D'un geste, ma mère me replace de nouveau parmi les autres, sous l'épaisseur de la couverture : interdiction de me lever dorénavant la nuit. Sous peine de sanctions sévères.

Ma mère n'aime pas la fascination qu'exerce sur moi ma grand-mère. Elle n'aime pas que sa protection me soustraie à ses injonctions, me préserve de sa colère. Elle craint que sa tendresse ne pourrisse mon caractère jugé déjà rétif. Elle aurait préféré trouver en sa belle-mère une alliée pour me dresser, raboter mes aspérités. Il lui semble que la vieille dame manigance afin de la priver de son seul pouvoir : me façonner selon ses attentes. Elle ne paraît percevoir dans nos rires que deux forces liguées pour la faire souffrir comme l'accablent la charge des labeurs et les vexations.

L'amour des mères se mesure à leur aptitude à blinder leurs filles contre les coups de la vie. Sans rien changer. Sans rechigner. Je l'apprendrai beaucoup plus tard. Pour l'heure, seule une terrible frustration m'assiège, et le désarroi d'un sentiment d'injustice naissant. Mais ces impressions ne suffisent pas à expliquer mes terreurs nocturnes, mon besoin de solitude et d'insomnies. Celles-ci s'ancrent dans quelque chose de plus enfoui. J'éprouve la même angoisse à les écrire.

Je n'ai pas quatre ans. Un bruit curieux me réveille en sursaut. Je m'assieds épouvantée par des râles étouffés. Malgré l'obscurité, je ne tarde pas à distinguer la position curieuse de mon père au-dessus de ma mère. Pensant qu'il est en train de la battre, j'éclate en sanglots et hurle : « Qu'est-ce que tu lui fais ?! » Pourquoi tu la frappes ?! Je vois et j'entends le corps de mon père rouler sur le côté. Les gémissements cessent sur-le-champ : « Tais-toi et dors, vipère ! »

Dès le lendemain soir, on m'installe une couche dans la cuisine contre celle de grand-mère : « Dorénavant, tu vas dormir là et ne plus te lever la nuit. Les paras sont planqués partout dans le noir. Ils volent et violent les filles que jamais on ne retrouve. Tu as vu comment leurs mortiers éventrent la dune ? Tu as vu comment ils brutalisent même les hommes ? » J'ai vu. J'ai vu la peur, l'humiliation des hommes. Les larmes, la colère des femmes. Personne n'ignore ça. Mais ce soir ma joie ne laisse aucune prise à la crainte. Tétanisée, je fixe l'aïeule, surprends l'éclat de ses yeux. Allez savoir quelle est la plus heureuse des deux conspiratrices.

Ici

Seule la force de l'habitude me ramène à la maison lorsque j'enlève la blouse du médecin. Mon corps et le monde n'ont plus de sens. Des séismes les ont réduits en miettes. Parfois dans un accès de dérision je me dis que ma voiture est comme les ânes de là-bas. Il suffit de monter et d'ordonner : *Errrr!* pour qu'ils s'ébranlent et, faute d'autres directives, s'en retournent droit à leur mangeoire.

Moi, je ne mange plus.

Arrivée chez moi, mon premier réflexe est de décrocher le téléphone. Couper le fil, faire silence, c'est ma façon de partir cette fois. Laisser la rupture à vif. Parce que je la sais définitive. Jean-Louis ne veut pas le voir. Il refuse encore de le croire. Lors de notre dernière discussion juste avant notre séparation, ici dans la maison, il avait avoué : « J'ai roulé en pleurant sur les collines pendant que tu signais tes livres. Je n'avais qu'une envie : accélérer et me foutre contre un platane. Je n'ai pas eu ce courage. » Une autre fois, il avait murmuré : « Dès que tu t'es mise à écrire, j'ai eu l'impression que tu étais montée dans une locomotive en me laissant sur le quai... » Mon troisième livre, *L'interdite*, venait d'obtenir un accueil assez enthousiaste en France. Au même moment Jean-Louis, lui, traversait une mauvaise passe dans sa carrière. Pour voir aboutir mon travail et parce que j'avais entrepris de fouiller les pans occultés de mon passé, je différais sans cesse le tour du monde en bateau auquel il aspire tant... Mais j'étais persuadée qu'il allait surmonter cette période critique. Je comptais sur son intelligence, sur son amour. J'avais besoin d'écrire. Et j'avais besoin de lui. Malgré tous mes efforts, je n'ai rien pu contre son aigreur où se mêlent sentiment d'abandon et jalousie. J'ai fini par prendre la décision qui s'imposait : « Je contacterai des agences demain. J'essaierai de trouver où loger. » Il a opposé que cette maison était la mienne. Si l'un des deux devait quitter les lieux, ce serait lui. Il disait ça sans en être vraiment persuadé. « Alors s'il te plaît, fais-le tout de suite ! Maintenant ! Je veux que tu partes ! Sur-le-champ ! »

Je ranime le feu dans la cheminée, me sers une grande rasade de whisky et, le ventre noué, lis la pléthore des articles de presse sur les ravages en Algérie en attendant le journal télévisé. Les carnages du pays augmentent l'autre souffrance. Chaque jour et son lot de meurtres ravivent en moi d'autres plaies.

Avant d'aller au lit, je me force à boire un grand verre de lait, à avaler un fruit. Puis réfugiée dans le lit de la mezzanine, j'écris. Je noircis des pages de cahiers, d'une écriture rageuse. J'en aurais crevé si je n'avais pas écrit. Sans ces salves de mots, la violence du pays, le désespoir de la séparation m'auraient explosée, pulvérisée. Les intégristes menacent de faire périr par le sabre ceux qui pèchent par la plume. Je fais partie de ceux qui, cloués à une page ou un écran, répondent par des diatribes au délabrement de la vie, aux folies des couteaux, aux transes des kalachnikovs.

J'écris jusque tard dans la nuit, jusqu'à l'épuisement. J'écris un roman – mon quatrième déjà – pamphlétaire sur l'Algérie. J'écris tout le temps. Même entre deux consultations. Certes, j'ai toujours eu des cahiers près du lit pour noter les mots qui, après des heures passées à se dérober, à résister, surgissent impromptus dans l'insomnie. Auparavant, ces cahiers de nuit se destinaient à fixer ces trouvailles, les pensées fugaces. Parfois des réflexions encore balbutiantes. Les sensations qui étirent, peuplent les moments de veille. Auparavant, le jour suffisait à mon besoin d'écrire. Maintenant, la fièvre de l'écriture s'est emparée de mon lit, de mes nuits aussi. Les mots de la révolte, du désarroi me poursuivent jusque dans mes draps. Ils ont pris possession des derniers retranchements de l'insomnie. L'amour n'est plus là pour les arrêter.

Là-bas

Bourré de cokes, la crête incandescente, le poêle
ronfle et plastronne comme un dindon au coin de
la cuisine. Le jeu des flammes de deux quinquets
à acétylène orchestre l'étrange parade des ombres
sur les murs. Allongée au chaud, je suis captivée
par les gestes de ma mère et de ma grand-mère.
Elles ont passé l'après-midi à dresser un métier à
tisser dans la cuisine, à y fixer la trame d'un tapis.
L'aïeule a mis un point d'honneur à enseigner à
sa nièce et belle-fille l'art, fastidieux certes mais
si noble, de la laine. Elle explique, donne des
directives. Ma mère s'exécute de bonne grâce.
Parfois même avec un réel plaisir. Plusieurs
semaines se sont écoulées à laver, débourrer,
carder, filer et teindre les tontes. Maintenant des
écheveaux s'amoncellent, verts, rouges, blancs,
indigo et fauves. Prêts au plus ardu : transformer
la besogne en œuvre.

La vaisselle du dîner nettoyée et rangée, la paillasse de chacun déroulée et installée, ma mère s'est attelée au métier à tisser. Assise en tailleur, le dos légèrement voûté, elle s'applique à insérer des cordeaux de couleur dans la trame. Elle les fixe avec des nœuds avant de couper les fils et d'en égaliser la longueur. Sous l'œil vigilant de la vieille dame, elle tasse alors le tout d'une saccade de coups à l'aide d'un gros peigne en fonte et recommence une maille plus haut.

Animée d'une vitesse vertigineuse, une quenouille monte et descend le long de la jambe de grand-mère en tourbillonnant, s'arrache brusquement, vrille l'air, prise de tournis dans sa paume.

Les deux femmes parlent peu. Les quelques mots qu'elles échangent semblent se calfeutrer dans les ronronnements du poêle. Le travail a pacifié leur mésentente habituelle. Dans la pièce d'à côté, dort la fratrie. Mon père et mon oncle doivent y veiller. Peut-être jouent-ils aux cartes.

Je goûte au bonheur de mon nouveau couchage. La couverture que je partage avec ma grand-mère me paraît légère et moelleuse. J'ai le même plaid élimé, posé sur une natte en alfa. D'un glissement de tête, je vais frotter ma joue sur celui de grand-mère. Il est en satin. Il fleure le musc. N'est-elle

pas seulement dans mes narines, cette senteur? Je
sais que grand-mère porte une fiole de la précieuse
substance accrochée par une fibule à sa robe. Je me
délecte tellement de ne plus respirer l'âcre puan-
teur de la laine mêlée à l'urine des petits frères et
sœurs. Je savoure tant de pouvoir bouger les
membres sans soulever de grognements, de
m'approprier mon corps. Je me prends à m'étirer
dans l'oblique des deux couches offertes et reviens
au spectacle de la pièce.

Le ballet des gestes des deux femmes, l'harmo-
nie feutrée des sons, la pantomime des ombres sur
les murs, l'atmosphère rougeoyante m'absorbent
de nouveau. Grand-mère se tait. Elle est toute à la
chorégraphie du métier à tisser. Elle donne une
scène de sa vie d'antan. J'ai ce sentiment. Je suis
conviée à une représentation. Je me remplis de la
vision de cette étonnante harpe qu'est un métier à
tisser. Sa musique en sourdine. Le décor sépia
auquel participent un poêle goguenard et deux
lutins surgis des ventres des quinquets. Je me
repais du spectacle avant que tout ne disparaisse à
jamais lorsqu'on en aura soufflé les flammes.

La pièce est désormais dans une demi-obscurité.
Le poêle a mis une veilleuse à ses ronflements. Je

distingue à peine le châssis du métier à tisser. Allongée contre moi, grand-mère ne parvient pas à dormir, elle non plus. Je tends l'oreille sans discerner de bruit de bottes. Les militaires s'amusent à nous harceler de différentes manières. Tantôt en escouade hachant la nuit, martelant le sol. Tantôt, surgissant comme des démons sans que nous ayons rien perçu. Le château d'eau tout à côté de la maison est un lieu stratégique dans le désert. Les maquisards pourraient s'y alimenter. L'armée française voudrait tant les y surprendre. Comme elle n'y arrive pas, elle soupçonne mon père et le malmène.

Mais non, ce soir grand-mère ne s'en inquiète pas. L'aventure de la journée l'habite encore. Je m'en rends compte lorsque, d'une voix étouffée, elle se met à me conter des féeries de tapis. L'une d'elles m'enchante :

— Hagitec-magitec, il était une fois un homme qui prisait les tapis au point de courir les steppes et les déserts, allant d'un souk à l'autre pour les admirer. Un jour, il en découvrit un d'une splendeur inégalable. Il vendit la moitié de son troupeau pour l'acquérir. Dès lors, rien ni personne ne parvint à l'arracher à sa contemplation. En désespoir de cause, on alla quérir marabout et sorcier pour tenter de le désenvoûter. Rien n'y fit. Au bout de quelques jours de mutisme et de jeûne, l'homme se décida enfin à parler pour déclarer qu'il se laisserait mourir sur cette couche si on ne lui trouvait pas la femme qui avait réalisé ce chef-d'œuvre. La chose se révéla des plus aisées. Tous les marchands connaissaient la virtuose et se disputaient sa création. On la disait mariée à une brute. Il se murmurait que la malheureuse avait mis son aversion, son métier à tisser et son génie entre elle et le malotru. On prétendait qu'alléché par l'appât des gains, de plus en plus considérables, le mufle avait fini par la laisser à son art et prendre une seconde épouse... On dit qu'éclairé par toutes ces révélations, le fou de la belle devint imbattable dans l'art de déjouer les vigilances, de tromper les surveillances pour s'introduire auprès d'elle. On dit que depuis, ces deux-là s'adonnaient toutes les nuits à d'étranges arabesques debout derrière la trame du métier. On dit que c'est pour ça qu'on a appelé le métier à tisser de la belle « le lit debout ». On dit que pour préserver le secret de ces amours, les marchands ont longtemps soutenu que cette dénomination s'inspirait de la faculté de ses tapis à figer les gens debout dans les souks à leur chevet.

Le subterfuge ne fut éventé qu'après la mort des amants clandestins.

C'est la première histoire d'amour qu'on me raconte. Je ne sais pas ce que recouvre ce mot, amour. Mais sa charge d'énigmes et d'interdits opère. Dans la pénombre de la cuisine, je peux encore apercevoir les chambranles du métier à tisser. C'est un lit vertical, à n'en pas douter. Le temps qu'il reste dressé là, je me lèverai plusieurs fois dans la nuit pour aller me glisser derrière la trame avec l'espoir d'y surprendre la danse mystérieuse des amants disparus.

J'entends souvent des concerts de louanges sur la cuisine de ma mère. Mais personne n'ose prétendre que le tapis achevé est beau. On se contente d'un « pour un coup d'essai... ». Un hochement de tête laisse la phrase en suspens. Grand-mère se dépense en encouragements, adopte l'indulgence des aînées. Portée par un accès de témérité, ma mère poursuit son ouvrage en tissant deux coussins. Destinés à agrémenter ledit tapis, ils sont si médiocres que plus personne n'ose un commentaire. Alors ma mère invoque l'ingratitude de ce travail ajouté à la charge du quotidien pour déclarer forfait en réclamant une machine à coudre.

Grand-mère quitte la cuisine pour ne pas assister au démantèlement du métier. Ses poutres ont fini en petits bois, amorces à des générations de flammes.

C'est ainsi que grand-mère a définitivement fait son deuil de pouvoir transmettre, faire survivre l'art de son passé, le travail de la laine. Elle a dû se résoudre à cette évidence : seuls les mots, les mots dits, restent capables d'évoquer son unique patrimoine, sa mémoire nomade. Ma mère, elle, est retournée à ses besognes. Une servitude telle que jamais aucun amant ne pouvait s'y prendre. C'est pourquoi mon père, lui, a dû se contenter d'une seule épouse.

Ici

J'émerge lentement de mon rêve, me demande par quel miracle ce bout d'enfance a pu resurgir. Et pourquoi celui-ci? J'ai regagné la maison après la journée de travail. Cette année 1994 le printemps avance à reculons. Un froid incisif se vrille dans Montpellier déjà tout en bourgeons. Les fleurs d'amandiers parsèment les jardins de leurs confettis. La lumière cristallise le ciel.

En ouvrant la porte, je n'ai pas été accueillie par la tiédeur habituelle, résinée au feu de bois. Partie précipitamment au boulot, j'ai omis de remettre une grosse bûche dans la cheminée. La température de la maison s'en ressent. Avant d'ôter mon manteau, j'ai refait du feu. Puis, j'ai décroché le téléphone comme chaque soir depuis plus de quinze jours. Plus de quinze jours que je vis seule. Plus de quinze jours à ne presque pas dormir. À livrer plus de prise aux horreurs de l'Algérie. À tenter de tout fuir en travaillant. À vouloir transformer des mots en mitrailles. À me consterner de leur faillite. Ils ne peuvent rendre totalement ni l'épouvante ni la douleur. Mes joues sont creuses. Je perds mes cheveux. J'ai dû maigrir de sept à huit kilos.

J'ai jeté un regard apeuré vers le paquet de presse raflé sur mon chemin. Ce soir, je ne me sens pas le courage – la rage? – d'affronter tous ces désastres. Comme une somnambule, j'ai erré un moment dans la maison. Puis je suis allée prendre une couverture pour revenir m'étendre, hagarde, sur un divan face à la cheminée.

J'aime ces couvertures en mohair pour le contraste entre la chaleur qu'elles procurent et leur légèreté, les tons pastel qui la suggèrent. Une apesanteur propice au bien-être.

Je me suis assoupie pelotonnée dans cette chose vaporeuse, bercée par les crépitements du feu. J'ai bien dû dormir deux heures d'affilée. Fait rarissime. Je ne parviens à sombrer de cette façon qu'après une garde éprouvante. Lorsqu'un greffé, un patient en danger m'ont tenue éveillée. Lorsque je n'ai pas compté les heures passées à lutter avec eux. Ensuite quand je rentre chez moi, il me semble que mon corps est resté dans ces lits en péril. Dans leurs fièvres, leurs sueurs, leurs torsions, leurs convulsions. Dans les combats de l'espérance, de la volonté, du savoir, avec des machines, des perfusions, avec des odeurs de souffrance et des gémissements.

Au confrère venu me relayer, je fais un compte rendu de mes actes, de mes préoccupations. Quand, après discussion, il me relève de la garde, mon cerveau ne parvient pas à s'en débrancher complètement. Dans l'état d'hébétude dû à la lassitude et au manque de sommeil, surnage l'anxiété au sujet de tel patient. Le sentiment d'échec, parfois cuisant, à propos d'un autre. Plus souvent heureusement, la satisfaction d'en avoir mis hors de danger quelques-uns.

L'idée ne m'effleure même pas qu'avec ce qu'ils endurent, avec la façon dont je les malmène, mon propre corps et ma tête puissent réclamer, eux aussi, l'attention du médecin pour ses patients.

Dans ces circonstances-là, même totalement hébétée, je ne me mets jamais au lit. Le lit, ce serait la meilleure façon de différer encore le sommeil. Je m'écrase sur un divan. L'hiver, sous un édredon face à la cheminée. Un verre d'eau à proximité. Un livre à la main. La lecture écarte les préoccupations. Je ne peux m'endormir qu'avec la vie des autres. Dans une autre vie.

Je m'étire sur le dos, me rends compte que le salon n'est éclairé que par les lueurs de la cheminée. Le doux bruit des flammes couve ma léthargie. Je repense aux ronronnements du poêle là-bas, aux lumières spectrales des nuits de l'enfance.

Je me tourne sur le côté, fixe le feu. Comme j'aurais aimé que le jeu des flammes m'hypnotise, m'emporte de nouveau vers le sommeil. Peine perdue. Je détaille la cheminée. C'est une grande sculpture en fonte noire. Elle a la forme d'un bateau. Par association d'idées je pense au bateau sur lequel j'ai navigué tous les étés. Il s'appelle *Vent de sable*. Maintenant, il n'appartient qu'à mon compagnon. C'est à lui que je dois la découverte de la mer en voilier. C'est lui qui en est le capitaine. Moi, je n'ai jamais été que le second. Mais ce nom, *Vent de sable* vient de moi, bien sûr. Ce bateau m'a aidée à écrire le désert en pleine mer pendant des années. Comment vivrai-je l'été sans lui? Sans le lit de la mer? Comment pour-

rai-je continuer à me réapproprier le désert maintenant?

« Ne sois pas hypocrite, ce n'est pas le bateau le
manque le plus terrible. Comment vis-tu sans
Jean-Louis? – Mal, très mal. – Combien de temps
va durer cette agonie? – Je ne sais pas. »

Là-bas

Assise sur la couche de grand-mère, une table basse devant moi, je retrace à la lueur du quinquet les lettres apprises à l'école. L'aire de sommeil de l'aïeule me préserve du chahut et des cabrioles des petits frères qui maintes fois ont renversé l'encrier sur mon cahier lorsque, par imprudence, j'ai installé mes exercices ailleurs. Ils peuvent sautiller sur tous les autres grabats, s'y culbuter à l'envi jusqu'à ce que la fatigue les renverse. Mais il leur est interdit de souiller celui-ci de leurs enjambées. C'est le respect qu'ils doivent à la prière de leur grand-mère : éviter de salir ses vêtements comme son couchage.

Je m'applique à dessiner les pleins et déliés, prononce de temps en temps les lettres à voix haute, continue à ressasser leur sonorité dans ma tête pour ne pas m'attirer trop de railleries, rêve sur les empreintes de mon buvard. Longtemps. Ma mère me jette parfois un regard impatient. Elle a tant besoin d'être secondée. Mon échappée est trop longue. Moi, je m'extasie à admirer le livre ouvert, le cahier sur lequel je recopie. Une euphorie me gagne à cette découverte inattendue : mon livre, mon cahier sont indéchiffrables pour ma mère. Espaces infranchissables, ils la tiennent à distance. Grand-mère fait le guet.

C'est en somme la dévotion de cette conteuse, mémoire d'une culture orale, qui à la maison protège mes premiers efforts à m'approprier l'écriture du *mécréant* français. Pourtant, cette soif d'apprendre me dérobe à elle aussi. Elle qui a tant besoin de transmettre la mémoire en péril des nomades. D'un peuple en voie de disparition : « L'immobilité des sédentaires, c'est la mort qui m'a déjà saisie par les pieds. Maintenant, je n'ai plus que le voyage des mots... » Est-ce que mon spectacle la plonge aussi dans d'autres songes ? D'autres perspectives jusqu'alors insoupçonnées ? Je n'en ai pas encore conscience. L'orgueil d'accéder au statut prestigieux d'écolière me remplit et bannit toute culpabilité. Dans ce bout du désert, nous ne sommes guère plus d'une douzaine d'Algériennes dans l'école française. Mais l'accès à la langue des *civilisés* est le cadet de mes soucis.

C'est le miracle de me tenir là, courbée sur une page de cahier, une plume à la main, moi, une fille, qui me porte aux nues. Mes yeux s'arrêtent aux bordures de la page blanche, seuil d'un monde encore ignoré dans lequel je m'invente déjà ma propre fiction. Ce sont ces premiers cahiers, premiers livres qui m'ont hissée dans la dignité. Les appels de la résistance algérienne chuchotés à la radio, les voix passionnées de mon père, de mon oncle en échos, exaltent mon esprit. La nuit, je m'imagine parfois laissant un mot sur ma couche pour rejoindre le maquis. Mais dans la journée, mon institutrice me répète si souvent que la bataille de l'école représente mon plus grand combat à moi... Cœur battant de chacun de mes instants cette aventure-là est encore confuse parce que singulière. Je pense à la guerre, aux humiliations que je vois en me rendant à l'école. Je rêve de l'indépendance du pays, de la liberté collective. Comme tout le monde. Mais c'est ma lutte à l'école, ma soif d'instruction qui me construisent à mon insu.

Parfois en levant la tête, je surprends le regard méditatif de grand-mère attaché à mes gestes. Elle

57

me sourit et, au prétexte d'éloigner de moi davantage encore le jeu turbulent des garçons, s'évertue à tenter de les captiver avec ses récits. Rires, empoignades et autres altercations ne tardent jamais à les détourner d'elle, à transporter leur horde vers la chambre. Je suis son meilleur public. Je le sais.

Quand la nuit referme enfin son silence sur la maison, la voix de ma mère me parvient de l'unique pièce avec des inflexions tantôt irritées, tantôt attendries. Je l'imagine s'attaquant à la mêlée des garçons endormis pêle-mêle, déplaçant les corps pour les allonger les uns contre les autres comme des sardines dans une boîte. Je me réjouis d'avoir échappé à cette remise en ordre, ce nivelage du corps familial. L'analogie avec une observation faite il y a quelques jours me revient à l'esprit : ma mère était en train de repasser. Deux gros fers sur le canoune, un linge mouillé, le chuintement et les vapeurs sur le tissu écrasé... J'ai pensé : c'est ça, le sommeil. Tout le monde trempé au pipi, raide sous une couverture qu'on croirait de fer ! L'odeur du suint en sus. Mon insomnie vient pour une part de là. Elle est une résistance d'abord instinctive à l'endormissement qui réduit tous les individus en un ensemble informe. Malgré les mises en garde de grand-mère – Ne sors pas les paras sont... – je me lève souvent au cours de la nuit, marche sur la pointe des pieds, me poste au seuil de la chambre où dort le reste de la famille et l'observe. L'insomnie, la solitude de la nuit me sont alors un bonheur inouï. Je m'envole loin de toute contrainte. Et l'appréhension de l'obscurité ajoute un piment au plaisir.

Ma rêverie attire grand-mère, elle se lève, s'approche, jette un œil intrigué à mes pages noircies. Je débarrasse son couchage, range mon cartable, reviens me coucher contre elle. Elle se met à murmurer des mots d'abord hésitants, comme intimidés, avant de retrouver le verbe débridé de ses espaces. La nuit n'a pas de limites pour elle ni pour moi.

Ici

Le samedi après-midi, je démonte le lit, le sors de ma chambre, le disloque, disjoins les lattes, les attaque ensuite à la hache. Les planches se brisent avec un bruit d'os. Je n'éprouve ni joie vengeresse ni tristesse. Le chagrin était dans la prise de cette décision, il y a quelques jours : « Bouge-toi. Débarrasse-toi de ce lit. Transforme-le en petit bois pour allumer le feu. Réaménage ta chambre autrement. » La tête vide, je m'y applique. Au moment où j'entreprends de ranger le tas en fagot, une écharde se plante entre l'ongle et la pulpe de mon index. Je mets du temps à parvenir à l'extraire. Puis je m'en vais acheter un autre lit. Il me le faut plus grand pour bien m'y sentir seule. Pour effacer l'absence. Accroître la surface afin de capter, de piéger un peu de sommeil. Laisser encore une place, même couchée en travers, est une invocation de solitaire. Après un tour des commerces, j'en choisis un beau.

La tête et les pieds se relèvent. Le matelas est épais, de la meilleure qualité. Ensuite, je consacre un temps précieux à me munir de nouveaux draps, couette, dessus-de-lit, aux dimensions appropriées, oreillers... Tout, tout changer. Je m'offre même une chemise de nuit aguichante, moi qui ne peux m'endormir que nue.

Lors de mon retour vers ma maison, je consens enfin à considérer l'index blessé par l'écharde qui n'en finit pas de m'agacer avec des élancements de cœur atteint.

Je réserve la soirée à repeindre ma chambre. J'aurai le temps de passer une seconde couche aux murs avant qu'on me livre le lit. Préparer ce nouveau nid me permet de revenir un peu à moi-même, d'envisager la solitude à partir d'un berceau sur mesure. De me remémorer celle d'autrefois. Première conquête transportée par les livres. Dès que j'ai saisi un livre, j'ai été ailleurs. Le livre a été mon premier espace inviolable. Ni mon père ni ma mère ne savaient lire. Ils ne pouvaient donc contrôler ce que je puisais dans ce cocon de papier. Quand je ne leur disputais pas quelque autre liberté, je mettais le silence subversif de la lecture entre eux et moi. J'ai été seule avec les livres des Autres. Je le serai davantage encore avec les miens.

L'amour était venu se lover dans cette étreinte, l'embellir et l'étayer. L'amour est un don que j'ai toujours su fuir. Quand trop de chagrins l'entachent. Quand il menace de virer en pénitencier. C'est ma façon d'en sauvegarder le rêve. En attendre toujours le meilleur c'est m'obstiner à survivre aux faillites comme aux désastres.

L'amour c'est l'infini mis à la portée des caniches[1]. Sans doute, monsieur Céline, car l'on se sent encore plus caniche quand on l'a perdu!

J'ai réintégré ma chambre. Avant d'aller me coucher, je scrute mon visage dans la glace. Mes traits ont cette expression distante, mes lèvres ce sourire chimique que je connais bien pour les avoir observés chez mes patients sous antidépresseurs. Le masque de l'hébétude... Allongée sous la couette, je n'écris pas. Je m'abandonne à mon nouveau lit. Mes idées vadrouillent avec un calme préfabriqué. Je repense à mon entrevue avec mon ami le docteur Chong une semaine auparavant. Il était près de 13 heures quand il m'a appelée à mon cabinet pour m'entretenir d'un patient que je lui avais adressé pour explorations. J'ai beaucoup d'affec-

---

1. *Voyage au bout de la nuit.*

63

tion et d'estime pour cet homme, fils d'immigrés chinois, né à Tahiti, devenu néphrologue. Un homme compétent et réfléchi. J'ai beaucoup appris de lui. C'est lui qui m'a initiée aux multiples techniques de la dialyse, aux critères de la transplantation rénale, au suivi des greffés. Lorsqu'il s'est inquiété des nouvelles de Jean-Louis, j'ai éclaté en sanglots sans parvenir à contenir le flot de larmes trop longtemps refoulé. « Tu ne l'as même pas dit à Mathilde ! » Non, même ma meilleure amie ne le sait pas encore. Il est vrai que Mathilde s'était absentée quelques jours. Il est au courant. Il a déclaré avant de raccrocher : « Attends-moi, j'arrive. »

Chong a été encore plus effaré en découvrant mon amaigrissement, mon visage creusé, mes yeux endoloris. Derrière ses verres de myope, son regard a jugé, mesuré l'ampleur des dégâts. Attablée dans un restaurant du voisinage où il m'a entraînée, j'ai dû m'avouer incapable de manger malgré toute la volonté que je mettais à le contenter. Je n'ai fait que parler mélangeant les mots de ma rupture à ceux des ravages en Algérie.

Seul indice de la perplexité comme de la colère de mon ami, ce geste qui lui fait remonter ses lunettes sur son nez. J'ai mis du temps à en décrypter la signification chez cet être placide. Maintenant je le guette pour suivre le cheminement de sa réflexion. Après m'avoir longuement écoutée, Chong a fini par me sermonner : « Tu es médecin ! Tu sais comment ça s'appelle, ce que tu es train de faire ! Il faut que tu t'en rendes compte ! »

En le quittant, j'ai regagné mon cabinet, y ai rédigé une ordonnance d'antidépresseur. Je l'ai acheté, avalé immédiatement. Puis, j'ai téléphoné à Mathilde. Elle est venue me rejoindre. Nous avons passé la soirée chez moi. Je n'ai plus décroché le téléphone depuis.

Je m'étire sous la couette, hume les draps propres de tout souvenir, sens sous ma hanche le satiné encore amidonné du tissu, apprécie la surface vacante à proximité. J'ai pris soin de bien me réchauffer les pieds sous le jet de la douche avant de me précipiter au lit. Toujours froids, ils mettent des heures à acquérir la température nécessaire au relâchement du corps, retardant d'autant la venue moment du sommeil. Avant je les plaçais entre les cuisses de mon compagnon. C'était le meilleur remède à cette abominable sensation d'orteils de glace. Maintenant, je ne sors plus de la douche sans avoir amorcé le dégel de mes extrémités. Je me hâte alors de me sécher, d'endosser la veste de pyjama chauffée par le radiateur avant de sauter dans le lit. Lorsque la température des draps s'ajuste enfin à celle de mon corps, je retire le vêtement, le jette sur le lit et m'abandonne à éprouver mes articulations, ma peau, libres, dans ce nid douillet. Aussi grand qu'il puisse être, le lit transi recèle la même épouvante que la touffeur enclavée des paillasses de l'enfance. Je redécouvre mille petits arrangements avec le lit, la débrouille des sans-amour.

Voilà longtemps qu'il ne m'était pas arrivé de redéployer mes jours à partir de mon lit. Bon prélude à la reprise du livre posé là, ouvert, sur l'oreiller. La mise à nu des tensions rend disponible aux mots des autres, à la langue errante de la lecture sur les pistes de l'insomnie. Les livres sont mes lits debout entre moi et le monde, des mondes où les mots se couchent au bord de l'infini.

Là-bas

Les nuits d'été jettent tout le monde dans la cour. Nous ne pouvons plus dormir dehors, devant la maison à cause des paras... Le seul agrément de la saison est le prodigieux champ d'étoiles juste au-dessus de nos têtes. Les cieux constellés du désert sont uniques. Leur vision envoûte les yeux, les apaise, restitue au désert son pouvoir onirique. Seul espace accessible à l'esprit que les conditions extrêmes de vie laminent, que la nudité des infinis enferme dans la misère.

Durant la journée, par plus de cinquante degrés à l'ombre, la lumière foudroie. La fournaise calcine tout, transforme ergs, regs et imagination en brûlis. Les immensités et leur ciel en univers carcéral. En fin d'après-midi, il faut arroser moult fois la terre battue de la cour afin de tenter de rafraîchir un peu l'air immobile entre les murs.

L'école finie, mes camarades françaises sont parties. Qui vers la métropole. Qui vers le nord du pays. Nous, il n'est ni dans nos moyens ni dans nos habitudes d'échapper à cet enfer. Il dure de mai à octobre. Six mois de purgatoire. L'isolement de notre maison, distante d'un bon kilomètre du village, et les interdits qui accablent les filles en sont le cadre permanent. Mais, j'ai déjà mon havre de papier, la lecture.

Allongée sur mon matelas, un livre à la main, je lis à la lueur d'une bougie dans la cour. Ma couche est à l'extrémité de toutes les autres. Mes frères et sœurs dorment déjà. Grand-mère est assise sur la sienne, à côté, et égrène son chapelet en silence. Je la soupçonne de rêver ou de ruminer ses mots nomades au lieu de prier. Le rêve est-il une prière aussi? Une prière pour qu'au moins les mots restent nomades? Elle a souvent les yeux partis, grand-mère. Quand elle a ces yeux-là, je me dis qu'elle s'en est allée plus vite que ses mots. Au-delà de leurs limites? Je ne sais trop. La fascination qu'exerce sur elle le regard m'apprend à tenter de déchiffrer le sien. Elle, une femme de la marche – il faut voir ses enjambées, on croirait un lévrier qui s'élance – m'a dit un jour : « Les pieds peuvent courir, toutes les turbines du monde vrombir, les yeux iront toujours plus loin. » Depuis, je pense que l'essence de la vie nomade ne se résout pas à une histoire de marche derrière un troupeau, de départ et d'arrivée en quête d'eau. Elle est l'empire des regards qui dévorent l'horizon. Un pacte des yeux avec les lointains qui entraînent les pieds, les vies dans leur sillage. « Les déserts sont des grands larges au bord desquels l'immobilité est une hérésie ! » s'est écriée une autre fois grand-mère. Les coudes sur les genoux, le menton dans une main, je scrute l'horizon. Dans ses réverbérations je distingue alors les fourmillements des yeux de toutes les générations de nomades qui l'ont percé. Je perçois leurs appels à la traversée. C'est cette concentration, cette densité de regards qui génère l'intensité de ce bleu-là, ses éclats aveuglants. La révélation m'enchante. L'horizon était désespérément vide avant. Un lit pour un dieu absent.

Mon père et mon oncle veillent dehors, devant la maison. Sous l'unique ampoule – d'abord avec parcimonie l'électricité nous est quand même parvenue – qui pendouille au seuil de la cuisine, ma mère fait corps avec sa Singer. Ses pieds entraînent la pédale, rythment la rotation de la roue, le piqué hystérique de l'aiguille sur le tissu. Sa mécanique vibrionne et picore la nuit comme une volaille surexcitée. Parfois, je lève la tête et scrute le visage de ma mère penchée sur son ouvrage. La mine un tantinet suffisante qu'elle adopte lorsqu'elle se sent observée prête à sourire. L'ouvrière est si fière de l'activité et du subside que lui vaut cette merveille qu'elle bichonne la Singer. Sacrée revanche surtout sur les péroraisons de sa belle-mère.

Une jupe plissée et son corsage, deux robes achetées dans les commerces français de la ville voisine, présents d'une tante généreuse et inspirée, me sauvent, heureusement, du folklore de celles confectionnées par ma mère avec déluge de zigzags multicolores. Elles m'auraient davantage désignée aux mépris à l'école. Les robes faites par elle, je ne les mets qu'à la maison. Pour ne pas salir les autres. Pour dormir. Luxe qui ne viendra que beaucoup plus tard, la robe de nuit ne fait pas encore partie du rituel du sommeil. En revanche, le préliminaire du *cardoune* en est. C'est une torture à laquelle doivent se plier toutes les filles dont les cheveux frisottent. Elle consiste à enserrer, saucissonner les crinières dans un feston la veille de toute grande occasion, pour les avoir lisses le lendemain. La tension en arrière, la raideur du bandage tire sur le cuir chevelu au point que la douleur me donne la sensation qu'on est en train de me scalper. Et puis si l'on n'y prend garde, cette trique dans le dos a de quoi démettre les vertèbres lorsqu'on se retourne sur sa paillasse. Elle m'oblige à des contorsions pour trouver la position la moins incommode. N'en pouvant plus, je finis presque toujours par tout défaire. Martyre pour martyre, je préfère encore affronter la colère de ma mère au matin. Elle se venge le soir suivant en sanglant plus fort ma tignasse. Je dois être belle et propre pour me rendre à l'école des Français. Belle signifie blanche, grasse et les cheveux raides. Je suis gracile, noiraude et frisée. Le seul avantage des vacances scolaires c'est de limiter ce calvaire aux autres circonstances, rarissimes en somme.

Je n'ai pas beaucoup de livres. C'est égal, je relis inlassablement ceux que je possède et découvre toujours des mots nouveaux. Chaque description, chaque portrait sont matière à des heures d'invention. Car mes livres me racontent des mondes totalement étrangers. Des mondes que même les yeux de grand-mère ne peuvent atteindre ni percer. C'est sans doute pour ça que son regard se fait vague. Moi, entre elle et mes livres, je divague déjà sur des mots. Je rêve des mers, des ruisseaux dans les prairies de mes lectures. Les mots ont des couleurs inconnues. Je marche toutes les nuits dans leurs étranges contrées.

Avant les vacances scolaires, j'ai couvé ma rancœur dans mon lit plusieurs nuits de suite. Première de la classe, j'étais si fière de montrer mes notes à mon père. Les chiffres, ça, il sait les lire. L'air d'un chameau débonnaire, il a écarté mon cahier de son champ de vision et dit avec commisération : « Ce n'est pas la peine. Tu n'es pas un garçon, ma fille ! » J'ai senti tout mon corps se raidir, se cabrer. Le regard noir, j'ai ruminé dans ma tête : « Tu vas voir ! Tu vas voir ! » Mais je suis restée muette de chagrin. Couchée sur ma paillasse, chaque soir je m'invente une vie capable de broyer ce dédain, de m'obtenir sinon l'admiration du moins le droit d'exister pleinement.

Quand le bruit de la machine à coudre cesse enfin, quand le sommeil abat les adultes aussi sur leurs grabats, je m'appuie sur un coude et leur jette un œil circulaire. La chaleur éclate le corps familial, disperse les couches, délivre chacun du piège des membres voisins comme le sommeil des

72

tensions du jour. Elle libère surtout de ce qui est plus un couvercle qu'une couverture. On ne supporte même pas un drap par ces températures-là.

J'analyse les attitudes. L'un marmonne. L'autre ronfle. Ici, une respiration s'accélère avant de retrouver le calme sans livrer son mystère. À côté, un petit rire, un gémissement ou un cri trouent l'immense secret de la nuit. De là-bas, fuse une salve de pets... Ce laisser-aller, la diversité dévoilée des postures, des mimiques récusent l'idée uniforme que je me fais du sommeil et restituent aux êtres leur singularité. Cela m'amuse et me réconforte. Je me prends à rêver sur les rêves de chacun, à essayer de les débusquer. Les dormeurs me renvoient une image d'oubli, de fragilité et de mystère intriqués qui me laisse perplexe. Rendus à la nuit de l'été, même les adultes ont des mines d'enfants éberlués. Je les aime dans ce sommeil libre de la canicule. Cette découverte m'émeut. Je me croyais incapable de ça, aimer. Je suis une teigne, oui, mais sentimentale.

Je bois à même la carafe posée à côté et reprends ma lecture jusqu'à ce que les mots se mettent à cligner et se confondent avec les étoiles.

Ici

Ça se saurait depuis Ève si un lit neuf, même plus grand, pouvait sauver de l'absence de l'autre. Il l'illustre, campe un règne dévasté. Un lit plus spacieux pour un petit bout de femme couchée tout au bord, c'est une supplique, une offrande que l'amour s'applique à ignorer. Dans ce lit encore sans mémoire, la nuit je me réveille en cherchant l'autre corps...

J'ai toujours préféré les hommes longs, tout en bras et en jambes qui pallient, avantageusement, mon éviction du corps familial. Je m'incruste, minuscule, dans leur étreinte. Ils m'enveloppent. Après le vertige du désir, quand le souffle retrouve sa régularité, le nez dans le cou de l'autre, j'en respire profondément la peau. La célébration charnelle, toute la sensualité du lit, je les butine, m'en repais avec gourmandise. Sous les formes, la carnation de femme, l'enfant blessée veille à engranger son dû de passions, d'affections, de caresses, de candeurs et d'impudeurs jadis refusées.

Je suis un être du plaisir hors du lit aussi. Les privations, les interdits, la misère de l'enfance et de l'adolescence m'ont forgé un tempérament d'hédoniste. Une urgence, une aptitude à jouir de chaque instant. C'est ce culte du délice, même du plus petit, qui confère aux manques essentiels leur indicible acuité.

Les nuits où, le cœur barbouillé, je rentre de ces forums et grandes messes à répétition sur l'Algérie, je ressens de façon impitoyable l'absence d'un corps refuge. Un corps ? N'importe lequel ? Non. Un qui se creuserait à mes manques, qui réussirait à les combler, à effacer les outrages. Avant Jean-Louis, m'attacher à un homme m'était un danger. Je prenais un autre amant pour m'aider à détaler. Avant, je n'avais jamais vécu avec personne. Avant, j'aurais déjà eu plusieurs aventures pour gommer la peau et le cerveau des deuils de l'amour. C'était avant. Avant d'en passer par un long apprivoisement. Maintenant, des amants, passades d'un soir qui me feraient déguerpir au milieu de la nuit, ça, je ne peux plus. Du reste, mon corps saccagé est incapable de désir pour l'instant. Ce qui me fait défaut, c'est seulement le réconfort, l'asile des bras pour oublier les folies du pays, m'oublier et pouvoir m'endormir. Comme je voudrais dormir! Dormir longtemps.

Je me prends à ironiser : « Sans famille par bataille, sans enfants par choix, aimante sans amant... » De la survie, de la résistance par la lecture en passant par les mots des refus, des ruptures, un jusqu'au-boutisme qui culmine avec l'écriture. L'écriture a cassé tout ce qui n'était pas elle, d'elle, pour régner presque sans partage. Seule la médecine m'arrache encore à son despotisme et me propulse debout au bord de lits malades.

Je m'échoue fourbue sur mon lit tandis que les litanies entendues au forum continuent à tourner dans ma tête. Comme il me semble loin ce soir d'élections interrompues en Algérie, coup d'envoi d'un cauchemar infernal. Dans la panique, j'ai réuni un petit collectif pour protester contre le vote escamoté des immigrés, créé une cellule de crise nommée CURARE, Comité d'Urgence et de Résistance pour une Algérie Républicaine et, munie de banderoles préparées en toute hâte dans la nuit, nous avons occupé le consulat d'Algérie à Montpellier. J'y ai donné une conférence de

presse, faxé des communiqués aux quotidiens algériens. Tout ça me paraît si dérisoire maintenant.

Je me raccroche à l'écriture, à l'activité de mon
cabinet. Celui-ci est au sein du quartier immigré,
commerçant de la ville. C'est, bien sûr, par choix
que j'ai ouvert un cabinet là. Une décision importante, prise il y a cinq ans. En plus de l'écriture,
me vouer à cette population. Pendant des années à
l'hôpital, mes confrères m'avaient appelée de tous
les services lorsqu'ils se trouvaient face à l'un de
mes compatriotes *ininterrogeables* faute de parler
français. Mes compatriotes se révélaient le plus
souvent marocains – ils représentent la majorité de
la communauté maghrébine dans la région – parfois tunisiens ou d'ailleurs. Qu'importent les quelques variantes d'accent ou de prononciation. Ils
étaient tous semblables ces hommes et ces femmes
couchés dans des hôpitaux et incapables d'exprimer leur mal. Leurs yeux s'allumaient et deman-
daient miséricorde aux premiers mots arabes que je
leur adressais. Je prenais le temps de les écouter, de
les examiner, de leur expliquer les investigations et
traitements à subir pour les rassurer. Seule la promesse d'une autre visite me délivrait des sollicitations, des mains qui tentaient de me retenir encore
auprès de lits convertis en autant d'exils dans l'exil

C'est de là qu'un jour m'est venue la nécessité de ce cabinet. Un lourd investissement d'abord personnel. Les contraintes de l'activité en elle-même ne me faisaient pas peur.

Je travaille depuis l'âge de quinze ans. J'ai toujours travaillé parallèlement à mes études. Avant l'écriture, j'ai tenu par les seules perspectives des examens. Chaque diplôme représentait une étape dont l'aboutissement, le statut de médecin spécialiste, mettrait un terme de la plus éclatante manière, croyais-je aux années de détresse, d'humiliation et de galères. En attendant, je noyais toutes les douleurs dans le boulot alimentaire, le travail scolaire. J'ai envoyé au diable les interdits des parents. La tribu entière. L'insomnie cosmique que m'était le désert. Toutes les désapprobations, les condamnations sociales. Les amants entravés par les conventions. Le pays, ses dérives mafieuses et ses schizophrénies... J'ai déguerpi sans jamais me retourner sur les blessures de personne. Je ne me suis pas davantage apitoyée sur les miennes. Une soif de vivre consubstantielle au désespoir m'a forgé ce tempérament inflexible avec lequel je brave, pour les narguer, le drame comme le devoir. Ces deux voracités-là, ailleurs capables de se grimer en masques de respectabilité, s'érigent en mons-

truosités en Algérie. L'une sanglante, l'autre bour-
beuse, elles sont les constantes imparables de
toutes les folies.

Lorsqu'une brusque panique de funambule me
faisait entrevoir l'ampleur de l'abîme sous mon tra-
jet, je me cramponnais au plus ambitieux de mes
projets : « Un jour j'écrirai tout ça! » Ce cri intérieur m'insufflait un regain de détermination. Un
jour, il incombera à l'écriture de débrouiller la
liberté des pertes et chagrins qui parfois tourmentent encore mon chemin. L'écriture en ultime
recours, c'était déjà là bien avant l'acte d'écrire.
Mais l'entreprise, terrifiante en elle-même et colossale, restera un mirage durant toutes les années de
labeurs.

La fin des études emportait certes avec elle les
soucis financiers, clôturait les nuits de garde payées
au rabais et au noir. C'est le cas pour tout étudiant
maghrébin débarquant en France. Mais obtenir
une vraie place dans la caste médicale de l'hôpital
est une autre affaire. Diplôme ou pas, avec une
gueule de barbare on reste déplacé dans ce
corps-là. Cependant, les difficultés de quelques-
uns de mes amis et des meilleurs, français de sang
mais ne bénéficiant d'aucun soutien intérieur,
m'interdisaient un jugement trop partial. Ils

étaient aux prises, eux aussi, avec les pires obstacles. Seulement moi, je cumulais toutes les tares : bronzée, femme, même pas fille de quelque magnat du Sud et grande gueule de surcroît. Deuxième sexe de la dernière race, en somme, celle qui a refusé de se laisser civiliser. « La preuve, il n'y a qu'à voir la façon dont ils régressent depuis qu'on est partis du pays ! » Pardi ! Si j'ai eu l'aubaine de me voir attribuer un poste de néphrologue avant la fin de mes études, c'est seulement parce qu'à ce moment-là personne du clan n'était sur la brèche. Bien sûr on s'est gardé de m'avertir que je devrais gicler coûte que coûte dès qu'un enfant du sérail se présenterait au portillon.

Je travaillais sans compter les heures. J'aimais le profil de cette tâche : apprendre à des patients à domestiquer leur terrible handicap. À programmer et manier leur machine pour acquérir un peu d'autonomie. À pouvoir épurer leur sang des toxines mortelles à domicile. La plupart des patients atteints de maladies incurables – les grands chroniques –, assujettis par diverses incapacités à l'assistanat complet des centres de dialyse, ont tendance à développer un caractère grincheux ou geignard qui achève de leur empoisonner l'existence. Se prendre en charge, se traiter à la maison, humanise quelque peu l'effroyable survie ligotée à un ordinateur bardé de signaux et d'alarmes péremptoires. Cela permet aux plus tenaces de reprendre une vie active, de circonscrire l'infirmité aux heures branchées à une machine.

Le chef dudit service était né en Oranie d'une famille de colons, « très grands propriétaires terriens », murmurait-il souvent avec cette intonation ronde des voix qui se gargarisent d'avoir d'emblée ouvert les yeux sur le meilleur des mondes. Comme si cela représentait la garantie d'une qualité en soi! C'était l'une des seules circonstances où la retenue, supposée être l'apanage des âmes bien nées, bridait l'hystérie et l'arrogance qui le caractérisaient. Autre de ses outrances, une misogynie sans pareille due, sans doute, au refus de sa propre part de féminité. Homosexuel notoire, il s'appliquait à s'en cacher derrière un comportement de tyran. Cette fausseté, le dédain qui en découlait me consternaient. Comment attendre du respect de quelqu'un qui n'en a pas pour lui-même?

Ce forcené me reprochait souvent ma connivence avec les infirmières, ses souffre-douleur de chaque instant : « Il faut savoir de quel bord vous êtes! Nous devons ramer dans le même sens! » Comme je l'envoyais paître, il me lançait d'un ton méprisant : « N'oubliez pas que nous vous faisons une faveur en vous donnant du travail ! »

Lorsqu'une fille du clan a été en mesure de convoiter ce poste, le chef de service, ligué avec le grand ayatollah régissant la région, a tout mis en œuvre pour me faire dégager. Ils seraient même allés jusqu'à m'accuser de faute professionnelle grave, si je ne m'en étais défendue. Je fulminais :

« Tu ne t'es pas tant battue, tu n'as pas fait tout ce chemin pour endurer ça maintenant ! Tu n'as pas fui les ayatollahs de là-bas pour supporter ceux d'ici. Tu ne seras jamais l'Arabe que de toi-même. Finalement ces gens-là te rendent service. En te signifiant que tu n'es pas de leur monde, ils t'aident à prendre conscience qu'à aucun prix ils ne pourraient faire partie des tiens. Leur suffisance, leur misogynie et leurs petits conflits, ce n'est pas toi. Certains sont peut-être très brillants dans leur spécialité. Parfois même mondialement connus. Mais c'est un savoir si étroit. À part ça, ils sont incultes. »

Pendant toutes ces années de difficultés, moi, je me galvanisais : quand j'aurai fini ma médecine, puis ma spécialité, je m'achèterai une belle maison. J'aurai un jardin plein de fleurs. Je n'aurai plus aucun souci... J'étais loin de m'imaginer que la fin des études, l'aisance matérielle allaient correspondre avec un tel désarroi. Qu'elles m'acculeraient aux constats, aux interrogations, aux doutes. N'ayant plus d'examen pour me tenir en haleine, pour me barder de défi, je n'avais plus d'enjeu capable d'occulter mes déchirements. L'argent n'y pouvait rien.

C'est à ce moment que l'envie d'écrire, jusqu'alors différée par les nécessités matérielles et les études, s'est imposée avec urgence me faisant claquer la porte. Les demandes de néphrologues dans le privé ne manquent pas. Je peux choisir quelques remplacements et consacrer la majeure partie de mon temps à l'écriture. 1985, l'année des grandes routes. Les routes du Sud de la France pour exercer ma profession. La route intérieure aussi, cette route longue et ardue de l'écriture.

Quatre années de travail acharné pour mon premier livre, *Les hommes qui marchent*. Quatre années à ausculter l'enfance et l'adolescence. Dans un texte datant de ce temps-là [1], j'écris : [...] *ils se sont bousculés, les mots du silence, les mots de toutes*

---

1. « De la lecture à l'écriture, des livres au livre, résistance ou survie ? »

les absences. Ils m'ont assené une brutalité salutaire. J'en suis restée à la fois ivre et désemparée.

Écrire, écrire et la giration des mots évente les tourments. Écrire, noircir le blanc cadavéreux du papier c'est gagner une page de vie. C'est reprendre un empan de souffle à l'angoisse. Dans l'écriture, je suis comme au seuil de l'humain. Je puis en étreindre les diversités, parfois vibrer au plus ténu de ses frémissements.

L'écriture est le nomadisme de mon esprit sur le désert des manques, sur les pistes sans autre issue de la nostalgie.

Au terme de ce retour en Algérie par les mots – je n'y ai plus remis les pieds depuis mon départ – je décide d'ouvrir un cabinet de médecine générale pour m'occuper des *ininterrogeables*, les immigrés.

Jean-Louis en a d'abord été consterné : « Mais tu ne peux rien faire en cabinet avec une spécialité aussi lourde ! Les machines de dialyse, les urgences de la néphrologie, c'est en clinique ou à l'hôpital. – Justement, je laisse le stress du danger pour la médecine générale. – On n'abandonne pas une spécialité où l'on peut se faire des couilles en or ! » D'or ou pas, je n'ai aucune envie de me faire des couilles. Deux ou trois confrères qui en sont suffisent à mon écœurement. Je rétorque souvent : « Montpellier ne m'a pas attendue pour avoir des bourgeoises. Elles étaient légion bien avant son illustre faculté de médecine du XIII\e siècle ! La France compte depuis toujours d'éminents spécialistes en tous genres. Si je veux avoir quelque utilité ici en tant que médecin, il faut que j'aille là où l'on a réellement besoin de moi, me mettre au service des disqualifiés. Ceux qui souvent ne savent même pas parler le français et nommer leur mal. »

Autour de moi mes amis médecins se sont écriés : « Montpellier est plus que saturé en généralistes ! Tu vas passer ton temps à attendre le client ! – Non, je vais pouvoir écrire tout mon saoul ! » C'était en 1989.

« Sans les tensions de la néphrologie et avec l'aide de l'écriture, je vais peut-être pouvoir mieux dormir. » Mieux dormir, ce vœu de tous les changements frôle mon esprit et passe sans se métamorphoser en réelle attente.

Là-bas

Le temps béni où ma paillasse était seule contre celle de grand-mère ne pouvait hélas! durer plus longtemps. À l'allure où ma mère se cloque puis accouche tous les treize ou quatorze mois, il y a foule à la maison. Ma sœur cadette nous a rejointes, grand-mère et moi. Dormeuse invétérée, elle a pourtant dû se réveiller, elle aussi, aux ébats parentaux. Je ne vois pas d'autre explication à son exclusion des mètres de sommeil familial. Depuis, chaque soir, elle inonde son oreiller à pleurer sa mise en quarantaine. Je suis impressionnée par ses larmes. Elles coulent grosses comme des gorgées d'eau. Comme elle est bien dodue, ma sœur, j'ai l'impression qu'on a détaché la *guerba*, l'outre en peau de chèvre, pour la poser à mes côtés. Mais son désespoir me fascine, me divertit. Après l'avoir observée avec une curiosité un peu vorace, je me décide enfin à lui prendre la main.

Elle ferme aussitôt les paupières et s'endort en hoquetant. J'admire longtemps ses cils perlés de larmes.

Nombre oblige, on a dû construire deux autres pièces pour caser tout le monde. Rien de plus simple que de fabriquer des briques en terre. Quelques heures de travail en représentent le seul coût. Je me demande bien pourquoi ça n'a pas été fait plus tôt. Il a suffi aux hommes de creuser la terre à côté de la maison, de la mouiller, la malaxer avant de la tasser en briques calibrées à l'aide d'un moule en planche. De les laisser bien sécher.

Depuis, plus personne ne dort dans la cuisine. C'est sans regret puisque le poêle n'y est plus. Une chose électrique sans attrait l'a remplacé. À vrai dire, je suis même très heureuse de m'en éloigner. Un sordide secret familial hante ce lieu à présent. J'essaie de me persuader qu'il s'agissait encore d'une monstruosité de cauchemar. J'y parviens. À l'insoutenable nul n'est tenu.

Le premier vrai lit de la maison a fini par échoir à ma sœur et moi. Un achat téméraire, ces quelques ressorts gémissants, concédé à la modernité. Mais, une fois sur place, personne n'en a voulu.

Car sous le poids des corps, cette ferraille sur pattes se creuse plus qu'un hamac et casse les dos habitués à la dure. C'est dire que ce lit n'est pas une sinécure. Mais moi, je suis prête à toutes les étrangetés. À l'usage, je soupçonne les grincements que suscite chaque mouvement de n'être pas étrangers au rejet catégorique de mes parents à qui ce lit était destiné.

Ma sœur, véritable marmotte, ne dérange pas mes insomnies. Et puis de ce piédestal, je peux voir la couche de grand-mère un peu plus loin. Mes lectures tardives ont fini à la longue par dévorer l'attention et le temps accordés à ses contes et récits. Aussi ai-je quelque remords à lui infliger plus long-temps la lueur de ma bougie. Mais le besoin d'autres mondes est inextinguible. Seul dépayse-ment dont je dispose, le livre m'arrache à tout ce qui m'enferme, me donne l'inconnu à rêver, me prépare au sommeil. De mon perchoir, je surveille grand-mère à la dérobée. Sa silhouette abandonnée me serre le cœur. Je me console en arguant que je ne cède à cet éloignement que pour préserver son som-meil fragile. Piètre prétexte qui ne parvient pas à m'absoudre à mes propres yeux. Parfois, je sur-prends son regard circonspect qui roule sur moi et mes livres. Pour lui échapper, je replonge dans mes ailleurs noirs sur blanc.

LA NUIT DES CORPS PARTIS

Ici

La pluie tambourine sur la pierre des terrasses.
C'est une pluie fine, drue. J'aime l'écouter la nuit
dans mon lit. À condition qu'elle ne dure pas, je
l'aime même de jour. Elle berce le plaisir d'écrire
face à la cheminée. Ma préférence va aux orages
dont la violence me rappelle ceux du désert. Perchée sur son rocher, au bord d'une falaise avec un
cirque de collines tout autour, ma maison est aux
premières loges de leurs spectacles. Elle en subit
parfois les foudres.

La bruine qui s'éternise finit par me donner
l'angoissante sensation qu'elle imprègne ma peau.
Je me sens trempée en dedans. Une menace de
noyade par capillarité. J'ai l'estomac au bord des
lèvres. Je cherche l'air avec le sentiment qu'il suffi-
rait d'une pression sur mes poumons pour me faire
dégorger les trombes du jour. Les premiers rayons
de lumière délivrent ma respiration, me restituent

mes contours, le sentiment d'intégrité, d'étan-chéité de mon corps. Je bondis hors de la maison, m'élance à grandes enjambées tant le besoin d'éprouver le soleil dans les yeux, dans la peau est vital.

C'est à Paris que j'ai découvert ça. Ce syndrome mental et physique de carence de soleil, du défaut de sa brûlure sur la peau. Je n'en avais jamais manqué auparavant. Auparavant, j'avais plutôt subi ses excès.

Mais la nuit dans mon lit, sous ma couette, j'adore écouter tomber la pluie sur le jardin, en augure les bienfaits, repense à mes envies de nuages, d'orages, là-bas dans le désert. La pluie d'ici tombe toujours sur mon désert aussi.

Dans le murmure du crachin me revient le visage grave de la femme venue me mettre en garde dans l'après-midi : « Madame, aujourd'hui ce n'est pas le médecin que je viens voir mais l'écrivain. Je ne sais pas si vous vous souvenez... Je suis Syrienne, poète... mais j'écris en arabe, moi. J'habite juste derrière votre cabinet. Je me devais de vous dire que vos prises de position, vos écrits vous mettent en danger. Ce que j'entends parfois à votre sujet... Vous êtes le diable pour les extrémistes. Une femme à abattre. J'ai peur pour vous. Les intégristes sont ici aussi. »

Son imperméable dégouline encore autour de ses bottines. Elle jette un regard vers la table d'examen dans la pièce adjacente avant d'ajouter : « Mon lit est contre ce mur, de l'autre côté. Je pense souvent à vous, aux gens qui viennent se déshabiller et s'allonger là, à quelques centimètres de moi, – j'écris au lit – à ce qu'ils peuvent vous raconter. » Puis, avec un petit air malicieux : « Quand je suis venue vous consulter, la première fois, c'était surtout pour voir la disposition de votre cabinet. Depuis, j'ai écrit un poème entre les lits... Les lits entre les exils, la nuit des corps partis. »

Je hausse les épaules sous la couette. Injures et menaces de toutes sortes m'accompagnent depuis la prime enfance. Elles m'ont toujours acculée à tenir tête, à lever des défis. J'en suis consciente. Cependant, une fois, faute d'avoir eu ma peau, la sauvagerie a tué en moi l'Algérie pour longtemps. Là-bas, dans le désert. J'avais quinze ans. Un soir de 1er novembre, date anniversaire du déclenchement de la guerre d'Indépendance, j'avais failli être lynchée seulement parce que je n'étais pas voilée. Je me suis fermée davantage sur les livres pour survivre au traumatisme. Je me suis scindée en deux : celle qui continue à lire, à donner le change, et l'autre, rivée par une douleur muette. L'existence, la résistance, l'ailleurs des livres comme une porte arrachée et aussitôt claquée sur l'innommable. J'ai enterré la souffrance au plus profond de moi. Pendant des années, je n'ai pas prononcé une parole à propos de ce drame. De tous les mots restés dans ma gorge avec leur entière monstruosité, un seul résume cette ruine : apatride. Je me suis sentie apatride.

C'est surtout cette violence-là qui me rattrape dans celles de l'Algérie d'aujourd'hui.

Ici, je n'ai pas peur. J'ai mes patients avec moi. Je me crois dans un État de droit. Pourtant cette même année 1994, un vieux couple d'Algériens est venu un jour me dire : « Ma fille, ils nous ont demandé de ne pas te consulter, de boycotter ton cabinet parce que, pour eux, tu es une pécheresse. Ils ont même dit plus que ça. Nous avons répondu que, nous, nous t'aimons beaucoup car tu t'occupes de nous comme personne, que nous trouvons que tu es une femme bien. – Ils ? Qui ? – Tu sais qui. Et ils sont nombreux. Il faut que tu fasses attention à toi. » J'ai souri en observant les traits intelligents, l'expression généreuse de cette femme et cet homme âgés, analphabètes. Eux, ils refusent la bêtise comme la panique, sans discours ni sentiment d'héroïsme. Je me sens forte d'eux, de leur estime. J'entendrai le même son de cloche d'autres patients.

Voilà plus de deux ans que des personnes de toutes obédiences se succèdent pour m'alerter, s'inquiètent à mon sujet. Il n'y a pas longtemps, un copain algérien, réfugié depuis peu à Montpellier, m'a sermonnée : « Seule dans ce cabinet, avec ce que tu représentes pour eux, tu es une cible idéale! – Écoute, ma part de psychose algérienne est déjà saturée par ce qui se passe là-bas. Impossible de la transposer ici. » Une autre fois, c'est un jeune journaliste beur qui vient me prévenir : « On a fait une enquête pour le journal. Ils sont bien implantés dans la région. S'ils passaient à l'acte, tu serais la première visée. – Alors je compte sur toi pour m'avertir quand tu sauras que c'est imminent. » Puis face à sa mine déboussolée : « Qu'est-ce que tu veux que je fasse? Que je m'arrête de vivre, de travailler?! »

Je ne suis pas inconsciente. Je ne minimise pas les risques par fanfaronnade ou par provocation.

Une nuit, en 1990 déjà, on avait incendié ma voiture devant ma maison, un mois seulement après la sortie de mon premier livre. Des papiers dans les journaux locaux, émaillés de mes écrits, avaient relaté mon enfance pendant la guerre d'Indépendance. À cette époque-là, mon compagnon et moi ne prenions pas la peine de rentrer nos voitures. Nous les garions devant la maison, au bord de la falaise. C'est un quartier résidentiel, calme. Un caducée désignant ma voiture, c'est celle-là qui a été arrosée de fuel et brûlée. Sur la carrosserie de l'autre, à deux mètres, tous les éléments en plastique extérieurs ont fondu sous l'effet de la chaleur. Mais le véhicule a été épargné. Au matin, à mon réveil, j'ai trouvé une carcasse carbonisée.

Deux ans plus tard, la guerre du Golfe a sorti de ma gorge ce mot que je n'avais encore jamais dit. Jamais osé écrire : apatride. Apatride cette fois de mon pays d'adoption, la France. Je me suis vomie d'en avoir pris la nationalité. Cette France-là, celle de la coalition du terrorisme d'État, me donne une furieuse envie de m'effacer de tout ce que comporte ce mot, France. Sauf la langue. A aucun moment la langue. Pourtant, je n'ai jamais considéré la population française comme une entité monolithique. Même pendant la guerre d'Algérie.

Surtout durant les atrocités là-bas. Des affections aussi bien juives que pieds-noirs m'avaient aidée à bannir ces frontières-là dans ma tête. Plus tard et sans rien renier de mes origines, j'ai acquis la conviction que ma véritable communauté c'est celle des idées. Parce qu'il y a eu l'Algérie, je pensais que la France avait définitivement abandonné sa voracité et sa cupidité hypocritement grimées en mission civilisatrice. Mais seule change la fable. Mission civilisatrice ou justiciers des droits de l'homme, c'est le même carnaval des vampires. Sans compter les répercussions en Algérie sur les quelques démocrates accusés depuis des lustres d'être des suppôts du colonialisme. Que quelques poignées de Français dont de grandes figures soient farouchement contre cette guerre n'atténue en rien l'amertume. Ils restent minoritaires. Et la présence à la tête de l'État de dignitaires de l'Algérie française rouvre un cauchemar : la guerre du Golfe c'est la reprise des croisades *civilisatrices* des puissances coloniales toutes ensemble.

Un soir, lors d'une discussion tumultueuse, j'en veux à ma meilleure amie, Mathilde, de n'avoir pas suffisamment conscience des dégâts, de l'iniquité de cette guerre. Ce sentiment soudain de solitude, même parmi ceux que j'ai choisis, ceux de ma famille de pensée, m'est insupportable. Le ton monte, je ne me contrôle plus, m'empare d'un gros volume posé à proximité et le balance à la gueule de Mathilde... Deux ou trois jours plus tard, des Maghrébins survoltés viennent à mon cabinet, me tendent *Le Midi Libre* du jour : « Lis, il nous insulte tous ! » *Il,* c'est le maire de la ville. Son papier s'intitule : *La faillite des intellectuels musulmans.* Un amalgame de propos pour le moins réducteurs de la part d'un maire professeur de l'histoire du droit ! En d'autres circonstances, ces élucubrations m'auraient laissée de marbre. Mais en ce temps de surchauffe des esprits, je trouve cette attitude irresponsable. Je téléphone immédiatement au rédacteur en chef du journal, décidée à décocher quelques flèches dans les péroraisons simplistes de cet homme.

Le matin même où ma lettre ouverte au maire est publiée, un homme appelle le service de néphrologie à l'hôpital – dans le journal on précise que je suis également néphrologue – pour demander où me trouver. La surveillante du service ne s'en méfie pas. Elle me joint immédiatement, affolée. « Il m'a dit : " Je vous remercie, madame. Je vais aller la descendre cette salope. " Il avait l'accent des Français de chez vous. C'est de ma faute. Ne restez pas là. Allons porter plainte ensemble... »

Une voix d'homme d'un certain âge sans autre argument que sa rancœur et sa haine. En raccrochant, je vais raconter ma mésaventure au commerçant marocain voisin : « Ils nous ont appelés, nous aussi, en menaçant de nous exploser la boutique. Ne t'inquiète pas, ma fille, on va te défendre. » Mobilisée, une ribambelle de petits Beurs se relaient à surveiller mon cabinet, faisant irruption, en nuée, dans la salle d'attente derrière chaque patient : « Ça va, docteur Malika ? » J'éclate de rire. Non, celui-là ne vient pas me trucider même s'il a une pure tête de *francaoui*. Les lutins ressortent en caracolant, réjouis par la mine ahurie du patient. Mais si leur vigilance me réconforte, l'idée de communautés dressées en chiens de faïence me heurte...

Le soir même je participe à un forum pour la paix. Hamadi Essid, ex-représentant de la Ligue arabe à Paris, devenu celui de Tunisie auprès de l'U.N.E.S.C.O., est là. Je le rencontre pour la première fois : « J'ai lu votre papier, bravo ! Bravo, madame ! Je suis heureux de vous serrer la main. » Je me faisais une telle joie à l'idée de voir cet homme pour qui j'ai tant d'admiration. « J'ai eu des menaces de mort pour ça. — Il faut porter plainte. Porter plainte et continuer. Ne pas laisser faire! »

Porter plainte dans ces cas-là c'est comme participer à des forums pour la paix. Ça n'aboutit jamais à rien. Et cette guerre aura raison du cœur du vaillant et si brillant Hamadi Essid. Il en crèvera juste après. Le Maghreb perdra en lui l'une de ses plus grandes voix.

La voiture brûlée, cette menace de mort portent la griffe des anciens de l'OAS. Ils sont légion de Nice à Alicante. De Nice à Alicante, un autre croissant du danger. La guerre du Golfe a dû réveiller là des élancements enkystés. Les marchands d'armes ont été dévalisés. La France du sang a elle aussi ses propres réseaux dormants.

Certes, je redoute moi aussi les répercussions du terrorisme algérien sur le territoire français. Mais je reste persuadée que dans ce cas les attentats viseraient les intérêts de l'État plutôt que des individus isolés.

Les mains sous la tête, je pense encore à ces termes *réseaux dormants*. Ils résonnent étrangement en moi.

Malgré ce tour d'horizon, ne parvenant pas à trouver le sommeil, je bondis du lit, avale un som-

nifère et un grand verre d'eau. Ce soir je me serais
cogné la tête pour m'assommer, tomber dans un
trou noir. Une heure ou deux plus tard, dans l'état
de torpeur qui me ramène au lit, un cauchemar me
revient soudain. Je l'avais totalement banni de
mon esprit. Une nuit, deux mois environ avant
notre séparation, je me suis réveillée en sanglots :
« Ce n'est qu'un cauchemar ! Qu'est-ce qui te tra-
casse ? » a murmuré Jean-Louis en m'attirant
contre lui, en refermant ses bras et ses jambes sur
moi. J'ai haussé les épaules et poussé fort mon
visage dans son cou. Non, je ne lui dirai pas que
nous étions en train de nous quitter dans ce rêve.
Durant la journée, les tenailles de la conscience
vissent tous les cauchemars dormants et autres
rhizomes de l'angoisse.

Là-bas

Au crépuscule, j'escalade la dune. Elle est haute, haute je ne sais pas comment. Elle commence l'erg. Elle est le désert culminant. Je plante mes pieds nus dans le sable encore brûlant, lève les yeux vers les crêtes. Elles se dilatent, entament le ciel, le roulent, l'enroulent comme un tapis. Si elles pouvaient le ranger, le ronger! Le mettre à tremper dans un peu d'urine. Lui griffonner trois nuages. Juste de quoi lui chiffonner un peu l'intempérance!

Je grimpe en ahanant. J'ai l'impression d'être un insecte rabougri parti à l'assaut des galbes, des mamelons du cosmos. Ils ballonnent contre mon visage, brouillent mon regard, assèchent mes narines, mes poumons, claquent un tambour sourd dans ma tête. J'expire. La sueur dégouline, agglutine mes cils, colle ma robe. J'ai la peau en eau, la sécheresse en dedans. Ça dure, dure si longtemps que j'en oublie qui du sable ou de moi gravit l'autre. J'en ai le tournis. C'est le seul moment de vitalité de mon corps, le reste du temps recroquevillé sur un livre. Un élan d'amour qui m'affole, me propulse et m'attire irrésistiblement.

Parvenue enfin au sommet, je m'écrase à plat ventre, essaie de reprendre mon souffle, me plante comme un chardon dans le sable, finis par percer ce songe qui m'éblouit : ma dune c'est l'aridité sculptée en luxuriance. En volupté. C'est ça. Et la débauche sublime du corps de l'erg derrière, c'est ça. À la puissance Allah. Un pied de nez au dogme des terres alentour, à l'aspect mité des regs avec leurs cailloux torturés par le soleil, par les vents. Et l'infini refermé sur leur bagne.

Je fais corps avec cette dune, *la Barga*. Elle est le lit, le tremplin de mes rêves. C'est de ce perchoir que partent mes voyages de somnambule immobile mêlant les mots de grand-mère à ceux des lectures. L'abîme des regs en bas me claquemure. En bas, c'est le règne du cauchemar. En bas, je m'accroche aux livres pour ne pas mourir de suffocation les quatre mois durant lesquels même l'école m'abandonne.

De cette altitude, revenue de mon étourdissement, j'ai le loisir de surplomber ma maison, le puits et le jardin à proximité. J'ai une relation complexe à ce puits. La petite construction qui en abrite les pompes est flanquée d'une citerne kaki hissée sur des piliers rouillés, sorte d'excroissance monstrueuse, fichée dans l'épure du paysage. J'en déteste l'éloignement du village qui nous fait cette vie esseulée. J'ignore aux dépens de qui se joue la facétie qui a métamorphosé mon père en gardien d'un puits dans le désert, lui, le nomade des hauts plateaux, le berger, l'enfant de la soif qui a passé une partie de sa vie à chercher des aires de pâturages pour ses bêtes, à courir après des flaques éphémères, des mirages. J'enrage trop de ne pouvoir jamais quitter ce lieu pour entrevoir quelque poésie ou beauté à cet itinéraire. D'un extrême à l'autre, le monde des grands écarts, j'en sais déjà les épreuves et l'apnée. Ce puits est le lieu de toutes mes soifs.

Les récits nomades, leurs départs, leurs arrivées, leur quête d'eau, le travail de la laine, les caravanes du sel, de cotonnades, du thé... Grand-mère n'en finit pas de me ressasser sa mémoire nomade. Mais elle, elle a connu ça avant de se retrouver rivée à la vie sédentaire. Moi, j'ai ouvert les yeux attachée comme une chèvre aux piliers rouillés d'une citerne. Heureusement que la splendeur de la dune

107

a empli mes yeux. Heureusement que quelques nomades viennent parfois du côté de ma dune illustrer de façon plus tangible ce passé-là. Mais même si j'assiste à leurs départs, à leurs arrivées en vrai, il me manquera toujours l'essentiel : le voyage, la traversée. C'est un appel qui grandit dans ma vie. Il est parfois si vif que je ne vois plus rien même les yeux grands ouverts. Je m'absorbe avec avidité dans les histoires, les récits de grand-mère, dans les livres. J'invente leur espace, le parcours à l'envi. L'imagination est ma seule réalité. Derrière l'abysse de l'horizon, il n'y a rien. Un vide inconcevable. Seules la densité des regards, la consistance des mots me rendent l'air respirable. Et les courbes plantureuses de la dune supplantent les poitrines contre lesquelles je ne peux lover ni mon visage ni mes peurs.

Et par quelle entourloupe toute cette eau, celle qui dort encore sous terre au bout des suçoirs des pompes comme celle qui chauffe dans ce foutu réservoir, trophée d'une modernité déjà corrodée, n'alimentent-elles que des légumes dans notre jardin ? Ceux des Français foisonnent de fleurs. Moi, cette féerie-là je ne peux la contempler que par-dessus les murs. Mes parents disent qu'ils ont *trop besoin pour s'occuper de l'inutile*. À force de guetter, d'espérer la magie des fleurs, j'en ai découvert des confettis dans notre potager. Sur quelques légumiers. Parfois sur la menthe, la coriandre. De minuscules touches de blanc très fugaces. Seul le safran me console et porte jusqu'au bout, jusqu'à la cueillette, sa couleur glorieuse, unique, m'en met plein les mains, les yeux, les narines. Et longtemps après le souvenir.

Peu à peu, cette quête des beautés infimes va m'être récompensée de trésors surgis du creux des sables. Toutes sortes de petits bouquets fragiles – et même des lys – qui se hâtent d'éclore, s'entêtent à embaumer avec l'urgence de qui sait la menace, le danger imminents. Je les hume, m'extasie. Cette fragrance, cette couleur intense posées sur une tige gracile, une merveille d'insolence dans ce règne minéral. Je m'assieds à côté, foudroyée de bonheur. Je suis déjà une glaneuse d'inutile. Ce superflu me devient nécessaire.

Toujours à plat ventre, mon regard se porte vers le village. En dehors du ksar et du mellah qui s'interpénètrent, le reste des quartiers est bien cloisonné. Les rues françaises sont tirées au cordeau, désensablées, proprettes. Entre celles-ci et les bourgs arabes et juifs confondus, il y a l'ensemble des bâtiments administratifs : les bureaux des houillères, la gendarmerie, l'hôpital, l'école de filles, celle de garçons, et la mairie. Espace de jonction en somme, de cohabitation dont le seuil de tolérance est très bas pour ne pas dire infranchissable. Derrière tout ça, dans une dégringolade de bleus s'étale la palmeraie autour de laquelle moussent des vergers. Plus loin encore, les éclats de la sebkha, le lac salé, qui pour tout souvenir d'eau ne garde que des craquelures dans sa carapace aveuglante.

Entre ce monde et notre château d'eau lézarde un chemin, celui que j'emprunte pour aller à l'école. Vu d'en haut, il souligne mieux cette saignée blanche entre deux mondes disjoints... Là-bas à l'ouest, là où le crépuscule englobe dans un même sanglot muet le ksar et la dune, je sais qu'il y a le cimetière de Lallâ Aïcha. C'est un lieu magique, ce cimetière. Du ras des murs d'un brun violine aux premiers renflements ocre de la dune, les tombes se serrent, se plissent, mêlent des dégradés de terre et de sable, dessinent des gradins. Les femmes et les enfants viennent s'y asseoir. Les mendiants du ksar les y rejoignent. Elles déballent la nourriture apportée en offrande. Tout ce monde mange ensemble. En face du petit mausolée de la sainte Aïcha, un arbuste crochu, enguirlandé d'amulettes, de reliques, de foulards, de ceintures, de chiffons de toute sorte, ressemble à une antique sorcière, seul fantôme de ce théâtre des endormis entre les vivants et la dune. On regarde ça. On lève les yeux vers la dune et on sourit.

Le sable est moins chaud. Mes membres plus détendus pèsent lourd. Je me sens le corps de la dune. On ne fait plus qu'une. Une joie m'envahit qui m'étrangle aussitôt. Entrailles dénouées, le désespoir jusqu'alors enfoui me saute à la gorge. Je fourre mon visage dans le sable, pleure en silence et m'endors. Pas longtemps. Au bout de quelques minutes, je relève la tête, frotte mon front, mes paupières, mes joues, en fais tomber mes pelures de sable. Le peu de sommeil qui fond sur mon abandon dans le giron de la dune me requinque, me donne une impression de plénitude. La dune est le lit où je viens grappiller des miettes d'impossible.

Les lueurs du couchant ont disparu. Le ciel se noie dans l'ombre du soir. Je redescends, calme, un peu désarticulée mais prête à affronter la vie d'en bas et l'insomnie.

Ici

Des magazines de voyage s'entassent sur ma table de chevet. Un verre d'eau déposé à proximité, la tête du lit relevée, j'hésite un moment entre l'un de ces prospectus et deux numéros de *La Revue du Praticien* consacrés au sommeil. Je finis par éteindre, me laisse aller contre les oreillers, m'y cale d'abord captivée par la vision du jardin sous la pleine lune. Je n'ai pas fermé les persiennes pour en savourer le spectacle. Les lueurs lactées éclairent la chambre, le lit. Un amandier en fleur juste en face de la baie vitrée semble avoir pillé et cristallisé des gerbes de lumière, jetant dans l'ombre le palmier voisin. Son panache forme une nébuleuse éclatante, fourmillant d'incrustations opalines et lilas sur des branches cobalt. Les palmes d'à côté ont l'air de grandes mains suppliciées qui se tendent vers cette splendeur auréolée.

113

Les yeux détaillant la magie du halo, je repense aux articles sur le sommeil lus tard dans la nuit, hier. Des auteurs y assimilent les secousses du fœtus, *cet état sismique que ressent la mère, au sommeil paradoxal.* D'autres chercheurs suggèrent que *ces minuscules secousses pourraient être les premières impulsions d'un système ignoré qui rattacherait, par le sommeil paradoxal, chaque individu à lui-même et à son espèce, système qui programmerait les comportements inscrits dans le génome par l'histoire ancestrale de l'individu.* Que le sommeil paradoxal puisse raccommoder les êtres avec eux-mêmes, soit. Mais moi, la clinicienne, j'accorde plus d'importance à la volonté, à l'éveil conquérant, défensif, créatif, justement. C'est dans l'effort plutôt que dans l'abandon que les êtres illustrent de la meilleure façon leur espèce... Mais s'il est une idée que je n'ai jamais pu accepter c'est que les comportements soient programmés de même façon que les maladies héréditaires ! Les progrès de la génétique donnent des ailes aux thèses déterministes. On aurait même trouvé un gène commun à tous les assassins.

Je m'arc-boute dans le lit, me remplis les yeux de la gloire de l'amandier pour ne pas continuer à pester contre ces théories qui nient la capacité de l'humain à se sortir des drames et des ghettos.

Les yeux toujours posés sur mon jardin, je reviens à la préoccupation qui m'habite depuis le matin : comment traverser l'été sans voilier ? Les journées ont rallongé. Celle d'aujourd'hui, printanière, a ravivé mes envies de mer. Je sais que le bateau va terriblement me manquer.

Depuis dix-sept ans, je passe tous mes étés en mer : Corse, Sardaigne, Italie, Espagne, Sicile, Tunisie, Grèce, Turquie... Du reste en bateau, dès que la côte disparaît à l'horizon, on se sent au bout du monde. C'est ce que j'aime. Le bout du monde vite atteint. La fatigue, les tracas de la terre vite éteints par la plénitude de la mer. Au terme de la traversée n'avoir pas à se soucier de trouver un hôtel, s'endormir à l'ancre dans une crique. Au matin, se jeter à l'eau les yeux encore ensommeillés, prendre le petit déjeuner au chant des cigales, face à un panorama de garrigues. Écrire le désert sur le lit de la mer... Toutes ces années de nomadisme marin m'ont maintenue dans l'exploration de ma Méditerranée. Maintenant, je la connais tellement cette mer... J'ai besoin de découvertes, de visiter des contrées plus lointaines. J'irai à Ceylan et aux Maldives, cet été. Et puis, couper encore dans l'habitude, me retrouver encore plus seule dans l'inconnu a quelque chose de grisant. Une sensation qui fait remonter en moi un vertige familier. Le week-end prochain, j'irai acheter des guides et préparer ce voyage. Cette perspective m'enchante.

Les postulats des revues de médecine reviennent percuter dans ma tête les clichés comparant le sommeil dans un bateau au bien-être du fœtus dans son liquide amniotique. Je n'ai jamais cru à cette notion de bien-être fœtal. Elle me semble même des plus suspectes avec des relents de moralité. Et comment rapprocher l'extrême liberté éprouvée en bateau à l'état de dépendance totale du fœtus ? La fusion idéale de l'embryon à la mère n'est qu'organique. La sensation n'y est qu'à l'état de germe – côté embryon s'entend. – Et quel relief accorder à la sensation sans la pertinence, le prisme et la fantasmagorie de l'esprit ?

Là-bas, j'avais si souvent entendu des femmes enceintes gémir et implorer Allah afin que les enfants qu'elles portaient fussent de sexe masculin – en se malaxant le ventre, les yeux vrillés par leur conjuration. Je me dis maintenant qu'il y avait de quoi communiquer cette angoisse aux fœtus, à tous, quel que fût leur sexe, si l'on suppose qu'ils n'en ont pas encore conscience à ce stade-là. Et dans ces conditions, qu'éprouvent les bébés filles face aux gueules d'enterrement qui accueillent leur premier cri? Du reste qu'importe ce souvenir inaugural, si souvenir il y a. De toute façon les voix de celles qui y ont assisté : mère, grand-mère et tantes se chargeront plus tard de ressasser à ces filles leur traumatisme à elles pour mieux leur enfoncer dans le crâne leur sentiment d'infériorité. J'ai entendu ce murmure résigné me raconter tant de fois la déconvenue de ma naissance. Par la suite, j'ai assisté à bien d'autres récits rabotant les griffes d'autres filles. C'est ce chœur antique de voix féminines qui me hante. Il édicte un tel sacrifice érigé en devoir absolu, théâtralisé. Les femmes payent quotidiennement un tel prix à la vie, à la cohésion de leur famille, leur tribu. C'est ce qui transfigure leur misogynie et les rend plus dangereuses à mes yeux. Je sais mes réactions aux injures masculines plus spontanées, moins torturantes. Parce qu'elles étaient des injures précisément. Pas ces appels au ralliement de la détresse. Pas ces renoncements extrêmes qui peuvent écraser par le sentiment d'impuissance qu'ils génèrent ou subjuguer et, insidieusement, prédisposer à la reddi-

tion. Pas cet odieux chantage affectif des mères :
Si tu ne fais pas comme moi, tu me renies, tu me
tues !

Me revient en mémoire ce que j'ai toujours
considéré comme un extraordinaire tour de force
et je pars d'un rire sonore. Combien de femmes se
retrouvant enceintes, le mari absent ou mort, le
décompte des mois ne pouvant lui en attribuer la
paternité, ont cependant déclaré sans vergogne que
le fœtus – conçu bien évidemment du temps de la
présence du mari, comment peut-il en être autrement ? – *s'est endormi longtemps dans leur ventre !*
Avant de daigner un jour se réveiller et poursuivre
sa croissance. J'ai toujours trouvé hilarante cette
mythologie des embryons pouvant arrêter leur
développement des mois voire des années durant
pour le reprendre au gré de leur caprice. Le
miracle, c'est que personne ne mettait en doute
cette capacité fantaisiste de certains fœtus à
l'hypersomnie. Des siècles d'embryons dormeurs
en ont assuré la pérennité. La subtilité veut que, le
plus souvent, ce soit le choc provoqué par le
départ, la mort du père – parfois quelque autre
traumatisme de même envergure – qui bloque

l'évolution normale de la grossesse. Toutes celles qui avaient le feu aux fesses, qui avaient peur de succomber un jour à la tentation, que le désir pour quelqu'un d'autre tenaillait déjà, se hâtaient d'affirmer dès la disparition temporaire ou définitive du conjoint qu'un enfant s'était endormi dans leur ventre. La belle ruse! Mais comment expliquer qu'elles aient pu se rallier tous les assentiments dans des pays où la suspicion de la faute tient lieu de bonne foi et de sauvegarde de l'Honneur? Quelle autre Schéhérazade a été à l'origine de cette fable consommée de l'aveuglement qui continue à épargner tant de mères et d'enfants? Ces femmes manifestent une affection particulière envers ces enfants-là, qu'elles appellent *dormeurs*. Dénomination bien moins dommageable, certes, que bâtards.

Petite, je me disais déjà que l'enfant dormeur provenait sûrement d'un lit debout. J'aurais sûrement mieux dormi, moi aussi, si j'étais née des arabesques d'un lit qui danse.

Deux ou trois visages de ces patronnes de l'endormissement s'imposent à mon souvenir. Je m'amuse à passer en revue les différentes expressions de leur masque de dignité promptes à décourager toute attaque, et m'assoupis au lait de lune

sans avoir ouvert un livre. Il faut croire que le pouvoir de ces diablesses, qui ont endormi debout des
générations de gardes rivés à leur vertu et gelé sur
leur langue le venin des autres femmes – ce dernier
exploit tient du divin – est tel qu'il peut s'exercer
même à distance et par nuit de pleine lune.

Là-bas

Nous le comprenons tout de suite. Cette fois ce n'est pas un vent de sable. Le vent de sable perce l'horizon et s'avance en rougeur diffuse, en brouillard de poussière. L'orage, lui, a surgi du haut du ciel par boursouflures géantes, sombres, qu'enflamme le crépuscule. On dirait que le bleu a fini par rompre, casser à force d'être violent, qu'il se répand en flots de sang, s'apprêtant à coaguler le ciel sur la terre.

Il n'a pas plu depuis plus de quatre ans.

Il se fait d'abord un silence impressionnant. Comme une apnée cosmique. Dans les rues du village tout le monde s'arrête, tête levée. Les femmes sortent dans les cours, muettes. Leur visage, leur corps, leurs nerfs se tendent. Tout n'est plus qu'une crise de nerfs écarlate qui éclate enfin en foudre de tonnerre.

Le déluge s'abat avec la nuit. Nous tourbillonnons longtemps sous les trombes avant de nous décider à rentrer.

Au bout de deux heures, il pleut presque autant dans la maison que dehors. Le seul lieu encore au sec, c'est un local construit en dur par les HSO [1], la compagnie qui emploie mon père. Situé à proximité de notre maison et vacant, nous y enfermons les chèvres et les moutons, le soir, au retour du berger.

Nous nous y réfugions avec une autre famille proche. Les adultes s'agitent, bavardent. Ils parlent des torrents qui naissent, grossissent, se mettent à cascader. Ils tremblent à l'idée que les oueds ne tarderont pas à se gorger, déborder, déferler. Combien de nomades, dont toute l'existence est sous-tendue par la quête de l'eau, les menaces de la soif, seront emportés, engloutis par cette furie liquide ? La pluie ne daigne toucher ce règne minéral que pour le dévaster. Entre ce ciel et cette terre rien ne peut advenir sans outrance. Un duel séculaire qui s'acharne à laminer les attentes humaines les plus élémentaires. Quand il n'ôte pas la vie.

Ces considérations alarmistes n'ont l'air d'entamer la bonne humeur de personne. Peut-être n'ont-elles pour objet que de mêler la conjuration à la frayeur afin d'accroître la jubilation. En fatras

1. Houillères du Sud oranais.

de corps à demi allongés sur une natte jetée par-
dessus l'épaisse couche de crottin, les adultes se
délectent lorsque de fortes rafales couvrent leurs
paroles hachées. Et le projet d'avoir à passer la
nuit, ainsi agglutinés, n'est pas le moindre des plai-
sirs.

La nuit roule, étrange, dans les cataractes. Le
verbe de grand-mère aussi. Ce soir, l'aïeule
bénéficie d'une large audience, aubaine des circonstances. Elle raconte Targou, ce fantôme de
femme qui hante les nuits du désert, déguisée en
homme, et s'évertue à égarer les nomades et les
voyageurs crédules en leur prodiguant de fausses
indications.

Peu de jours avant, à l'école, une série de dictées, d'études de textes, de lectures et les explica-
tions de l'institutrice m'ont fait aborder l'œuvre
d'Isabelle Eberhardt. Mon institutrice est excep-
tionnelle... Dans toutes les autres classes, les lectures, les dictées ne savent évoquer que la France.
J'avais vaguement entendu parler de la *roumia*[1]
Isabelle. Ses propres mots l'ont aussitôt incarnée,
lui conférant du mystère, du caractère. Des mots

---

1. Romaine puis par extension chrétienne.

de l'autre langue qui décrivent non seulement le désert mais mon village et surtout ma dune. Ça m'a renversée. Ensuite, monsieur Cruz, le chef d'atelier des HSO, m'a offert *Le Petit Prince*. C'est un joli conte. Mais une déclaration à propos des racines nomades m'a chauffé la tête : *Où sont passés les hommes ?* demande Le Petit Prince à la seule fleur qu'il rencontre lors de sa traversée du désert. *Une fleur à trois pétales, une fleur de rien du tout. — On ne sait jamais où les trouver. Le vent les promène. Ils manquent de racines, ça les gêne beaucoup*, répond celle-ci. J'ai bondi, failli jeter le livre. Grand-mère m'a toujours convaincue du contraire : « Nous ne sommes pas des palmiers pour avoir besoin de racines. Nous, nous avons des jambes pour marcher et une immense mémoire ! » J'ai tourné sa réplique deux ou trois fois dans l'agitation de mon crâne avant de reprendre ma lecture avec commisération. *Pauvre fleur, il lui manquait quelques pétales. Le vent sans doute. Et puis, une fleur dans le désert...* Cependant malgré le ressentiment que j'ai nourri à l'encontre de Saint-Exupéry, ma contemplation des constellations en a été bouleversée. Depuis, les astres sont habités par le regard et le délire de son elfe. Et moi par l'envie de devenir cosmonaute, de prendre la tangente des

124

airs. Couchée par terre, les mains sous la nuque, une inquiétude m'embarrasse. Après l'envol, à quel espace puis-je prétendre, moi? Est-ce que le ciel ne risquerait pas de se plaquer sur mon visage comme les couvertures que je fuis? De jour, c'est déjà ça. De jour, le ciel n'est qu'un couvercle claqué sur notre néant. L'obscurité de la nuit le dissout, astique des myriades de lampions et ouvre l'univers à l'imaginaire... Pour toute réponse, il me semble que la voie lactée s'étire, bâille et me pisse au nez.

Isabelle, elle, est arrivée à dos de chameau en longeant la dune. Elle ne vient pas des cieux. Elle est arrivée en traversant des regs et des sables avec les mêmes mots que nous. Son désert me paraît une version écrite des récits de grand-mère. Cette voyageuse m'intrigue tant que je me prends souvent à rêver d'elle. Parfois il me semble même apercevoir sa silhouette à l'orée des palmiers. J'ai lu son texte écrit ici, à Kénadsa. Elle dit : *Le ksar me semble bâti pour mes yeux, j'en aime la teinte...* J'ignore pourquoi le ksar lui semble fait pour ses yeux. Je trouve plutôt lugubre le rouge-brun de ses murs. Il vire au violine par endroits. Mais outre que cette femme écrivait, ce qui me fascine aussi en elle c'est son déguisement d'homme qui lui a permis de parcourir le désert.

125

Isabelle est morte noyée en 1904, pendant son sommeil, par une crue de l'oued d'Aïn Séfra, à deux cent cinquante kilomètres au nord d'ici. Elle venait juste de quitter Kénadsa après un séjour de plusieurs mois dans le ksar.

Allongée sur la natte entre la voix de grand-mère, livrée à Targou, et le rugissement des eaux, dans la torpeur en train de gagner l'assemblée, une évidence s'impose soudain à moi : Targou, le fantôme qui déroute, c'est Isabelle! J'en suis sûre. Que le mythe Targou soit antérieur au sien ne me trompe pas. Ce fantôme n'est qu'un premier costume, un travestissement différent pour un autre désert du temps. Un artifice nocturne pour ne pas s'endormir et mourir? Une défroque pour l'insomnie qu'est la survie? C'est ça : l'antidote en somme contre les maléfices conjugués de la robe de nuit et du linceul.

Je m'assieds, taraudée par cette révélation.

Ici

Invitée. La nuit, les mots de là-bas viennent se poser sur mon lit. Mon lit est une arche de Noé pour ces rescapés imprévus. Tels des oiseaux migrateurs, ils franchissent le désert, la mer, les guerres et les ans, les ruptures, les dissensions, et m'arrivent écorchés, épuisés. Mais ils se rengorgent de mon émotion, reprennent aussitôt leur ascendant et hantent mes veilles. Mes insomnies se sont faites à ça. Même à débusquer des rapaces sous des ramages enchanteurs.

Invitée. Je viens de tomber sur ce mot dans un livre. De l'invitée retranchée dans une pièce défendue aux parents, je passe imperceptiblement à l'invitation de l'écrivain dans son pays. Je pose le livre, me laisse aller à ce souvenir. C'est en novembre 1990. Mon premier roman, *Les hommes qui marchent,* vient d'être primé par une fonda-

127

tion [1] littéraire qui se crée en Algérie. Un vieil homme à la voix chaleureuse, Noureddine Aba, téléphone d'Alger. En raccrochant, je me jette sur mon lit en sanglotant. J'ai la larme rare pourtant. Devoir constamment serrer les dents m'a vissé les lacrymales. C'est une défense, un blocus. Dans les luttes solitaires, pleurer c'est se défaire de soi. S'offrir en proie. J'en ai conçu une image erronée, réduite à celle de la faiblesse, de la reddition. Mes larmes ne sourdent que pour célébrer une victoire méchamment acquise. La volupté du chagrin fait encore partie de mes incapacités. Une invalidité qui enkyste la peine inentamée. Pourtant, depuis que j'écris je m'offre charnellement à toutes résurgences, essaie de me réparer. Mais les mots portent parfois mes sanglots sans me brouiller la vue. Je déglutis à plusieurs reprises, ne parviens pas à m'humidifier la gorge. Il y a seulement cette crampe – je dis toujours le crabe – qui serre plus fort le ventre et bloque le souffle. Un nœud inaccessible même au pouvoir de l'écriture. Les mots ne peuvent rien contre ce silence enterré. Et puis, les larmes me rendent si difforme. Quelques-unes suffisent à me défigurer. Mes paupières en deviennent

1. Fondation Noureddine Aba.

monstrueusement bouffies. Je dois être allergique à
mes larmes.

J'avais fait envoyer mon livre à Alger un peu par
défi. Mais sans grande illusion. Je n'ai jamais eu
d'attirance – c'est un euphémisme – ni pour Alger
ni pour sa jeunesse supposée aisée et vaniteuse. Je
lui ai toujours préféré la populeuse Oran, railleuse,
rieuse, débraillée. Son raï, longtemps si méprisé à
Alger, qui tchatche de trottoir en trottoir, s'enca-
naille, dégoupille les rues, les bars à putes, à rixes,
les gavroches qui se cherchent, les Dalila qui se sont
trouvées, les coins à *calentita* qui plâtrent la gorge et
le souffle... Une humanité hybride où même les
bohèmes et les démunis se sentaient moins exclus.
On disait qu'il y avait les Alger – Riens et les Alger –
Rois. Moi, on m'a donné pour prénom Reine. Je
n'y suis pour rien. C'est une perversion si répandue
dans le pays que de donner des prénoms sublimes
aux filles pour mieux s'appliquer toute une vie à les
asservir, les avilir. Du reste, je me sentirais plutôt
sorcière que reine avec au bout de ma baguette
quelques mots fabuleux : *Pourquoi pas ? Peut-être !...*
par lesquels tout peut advenir ou disparaître d'un
seul éclat.

Un défi et voilà qu'un jury, constitué presque
exclusivement d'hommes, m'acclame, me réclame.

Cette voix du dramaturge et poète Noureddine Aba a taillé une sacrée brèche dans mon étroite conception de la capitale générée par le désespoir, les injustices et les brimades d'un pays. Je pleure le nez dans mon oreiller et rage contre moi-même en me traitant de midinette. Rien n'y fait. Ce soir-là, dans mon lit, c'est mon pays tout entier qui m'étreint.

Tahar Djaout et moi inaugurons la liste des lauréats de ce groupe d'intellectuels mobilisés autour d'un objectif : que les livres couronnés soient écrits en arabe ou en français, le prix serait justement la traduction dans l'autre langue. Casser le manichéisme, participer à amoindrir la déchirure sociale faite par le politique dans une même identité, une même histoire. Beau projet. Auparavant, seul le FLN pouvait décerner des prix. Et seuls ses apparatchiks se voyaient distingués. Une des mascarades dont l'Algérie a le secret.

Je ne suis pas retournée au pays depuis 1977. Cela fait treize ans. Les raisons en sont innombrables : l'intégrisme, ma rupture avec ma famille. Celle-ci n'a jamais accepté d'abord que je quitte l'Algérie. Ensuite que je vive avec un Français. Ma vie accaparée entre les études de médecine et l'exercice de ma profession. Mon manque de penchant pour l'autoflagellation durant les moments de loisir... Mais l'électrochoc d'octobre 88 a ranimé le pays et suscite tant d'aspirations et d'initiatives. Je me suis remise à espérer.

Je suis venue en France en 1977 pour Lui, l'homme dont je viens de me séparer. Si je ne l'avais rencontré, je serais partie au Canada. En Algérie, j'avais d'abord opté pour ce désert blanc. La France me paraissait trop proche. Une proximité géographique renforcée par l'histoire commune. Les manifestations racistes, les déchirements de la guerre, je n'avais aucune envie de retrouver ça. Je me disais aussi que seul le plus grand des dépaysements pouvait m'apaiser et panser mes blessures. Une rencontre m'a happée au passage. Je suis devenue une invitée au pays de l'amour. Cette terre avait, en somme, entrepris de me courtiser dès l'enfance, là-bas. Elle m'a d'abord invitée aux ailleurs des mots, dans une autre langue, dans des rêves de papier, dans leurs histoires interdites. Quoi de plus normal que le *butin de guerre*[1] accumulé ait fini par m'édifier un fortin à l'amour?

----

1. Kateb Yacine à propos de la langue française.

131

J'avais quitté l'Algérie sans un sou vaillant. Je ne voulais pas entendre parler des nombreuses bourses finançant les études supérieures à l'étranger. Mieux vaut encore les gardes payées au noir. Ne rien devoir à ce pays. Rien de rien. Je croyais le haïr comme j'avais cru haïr ma mère.

En France, l'amour m'a menée en bateau, sur le lit de la mer, dans les lumières d'un désert bleu. Chaque été, j'ai préféré habiller la nostalgie de son azur, me laisser aller aux joies des traversées plutôt que de subir les voix haineuses d'enténébrés de tous poils. Mais y revenir pour être fêtée en tant qu'écrivain, ça !

Il y a toute la presse francophone, foisonnante à ce moment, à la remise des prix à l'hôtel Aletti. Il y a même quelques émissaires des plus progressistes organes arabophones. Il y a beaucoup de femmes universitaires dont quelques-unes deviendront mes amies. Seule la télévision, toujours sous le joug de l'État, boycotte l'initiative. Pendant plusieurs jours les photos de Djaout, les miennes, nos portraits, nos interviews s'étalent dans tous les journaux, souvent en première page. Au bout de la semaine, l'événement a pris une telle ampleur que la télévision s'est sans doute sentie contrainte d'en rendre compte. Mais moi, j'ai déjà regagné Montpellier. Alors on a envoyé une équipe dans le désert pour filmer mes parents. Et miracle, mon père permet à ma mère de répondre à une question face à la caméra : « Quel effet ça te fait que ta fille soit devenue écrivain ? » La mine résignée, ma mère lève les bras au ciel : « Qu'est-ce que tu veux que je te dise, mon fils, entre ma fille et moi, il y a toujours eu un livre. Même quand elle arrivait enfin à s'endormir, elle mettait son livre ouvert sur son visage ! »

Je lis au lit, chez moi à Montpellier. Le téléphone sonne plusieurs fois dans la soirée. Des amis d'Oran, le directeur du Centre culturel français d'Alger se succèdent à me raconter l'émission. *Entre ma fille et moi, il y a toujours eu un livre.* C'est la plus belle phrase qui me soit jamais parvenue de cette bouche-là.

Je ne suis pas allée dans le désert. Voilà treize ans que je ne suis pas retournée chez mes parents... En raccrochant le téléphone, j'ai une pensée émue pour le libraire de Béchar. Puisse-t-il être encore en vie ! Durant toute l'adolescence, il m'avait incitée : « Prends tous les livres que tu veux, ma fille. Toi, je

133

sais que tu me les rendras intacts. Ton besoin d'eux est plus important que l'argent. Allah est grand! » Des années après que j'ai quitté l'Algérie, alors à la retraite, ce généreux avait un jour pris un taxi pour se rendre dans mon village et demander à mes parents : « Qu'est devenue la belle qui aimait tant les livres ? – Elle est médecin, spécialiste des reins... là-bas, en France... » Je pense à lui avec reconnaissance au moment de cet écho à mon premier roman en Algérie. Je me dis : Il saura que je suis maintenant des deux côtés des livres. Il jugera, à raison, avoir aidé cette trajectoire. Je me sens fière de n'avoir pas démérité. La médecine, face révélée de la douleur, n'a été qu'un chemin assigné entre la lecture et l'écriture.

Ni Djaout ni moi ne serons traduits en arabe dans le pays. La première traduction dans cette langue, pour ce livre, *Les hommes qui marchent*, me viendra dix ans plus tard d'un pays voisin, le Maroc. Tahar Djaout a été assassiné. Les membres de la fondation qui nous avaient couronnés ont dû s'exiler eux aussi.

L'amour, lui, n'est qu'un état de transit duquel on finit toujours par être expulsé. Le bonheur n'est pas obligé comme dirait un grand pote des mots tout noir, hilare. Quand on le croit installé dans la durée, c'est seulement qu'il s'est laissé endormir par l'habitude. Ou par le devoir. Ce qui n'est guère mieux.

Des frissons lardent mon sommeil, me réveillent au bout d'une petite heure. J'ouvre les yeux dans le noir, les assassinats de Tahar Djaout, d'Abdelkader Aloula me traversent l'esprit. La poitrine serre. Mais je ne tarde pas à prendre conscience que mes frémissements sont d'une autre nature : je viens de jouir en dormant. Ces frissons-là ne trompent pas. J'en ai les membres électrisés. Je tente vainement de me sonder pour retrouver qui était mon partenaire.

Alanguie, je me caresse le ventre : « Pas de danger. Personne n'est entré en hibernation là-dedans. » C'est une bulle de légèreté tapie dans le sombre des pensées. Toutes les soifs de ma nuit. Un instinct qui refuse le malheur comme l'abstinence. Il attend que mon cerveau soit hors jeu pour m'offrir un amant imaginaire. Il me joue la belle des insomnies. J'en reste un moment songeuse : « Qui était ton amant ? Aucune idée. Un ange ? Le diable ! »

Là-bas

Cette fois, le nombre toujours croissant des membres de la famille n'est pour rien dans les motivations de l'agrandissement de la maison. L'arrivée de l'indépendance et la perspective d'interminables festivités imposent le rajout d'un lieu de réception décent, à l'écart de la ruche ménagère. *La pièce des invités* s'ouvre à deux pas du seuil de la cour. C'est la plus grande de toutes. Nous disons ça : *pièce des invités*. Le mot salon, nous ne connaissons pas. En l'absence d'hôte, elle reste fermée à clef. Ma mère ne l'ouvre que pour la nettoyer et veille à la tenir prête même à l'inattendu. Un épais tapis couvre le ciment du sol. Du velours rouge, fauve et brun revêt les mousses des banquettes qui longent tous les murs, offrant autant de couchages possibles. La surface du tapis en multiplie encore les possibilités. Des coussins du même tissu complètent le modeste confort. Un énorme plateau en cuivre trône au milieu. Ce même agencement s'observe chez toutes les familles qui peuvent s'offrir ce luxe. Du clinquant en guise d'opulence. Mais j'en ai admiré de si somptueux qu'ils transposent la conception même du lit en paradis. Dans mes lectures, je suis frappée par l'importance accordée à toute une panoplie de mobiliers en Occident. Signe du passé nomade encore prégnant, nos meubles se réduisent à quelques coffres et tables basses ornés de miniatures. Atavisme de marcheurs ? Le faste chez nous, c'est ça : le maximum de surface apprêtée pour la position allongée, alanguie, de jour comme de nuit, sur les tapis, sur des banquettes, avec des tissus flamboyants et des flopées de coussins. Tout pour se vautrer autour de tables de festins. Se laisser aller à rêvasser, à somnoler. Une débauche de sensualité inscrite jusque dans les tissus et les tons. Par quel paradoxe cette civilisation du charnel, de la volupté, passe-t-elle pour prétendre interdire le désir aux femmes, artisanes et courtisanes de ces édens, de leurs plats mijotés à la succulence des aphrodisiaques ?

Maintenant, nous possédons donc ce lieu *digne* pour recevoir. Avec l'indépendance, les gens circulent librement. Des membres de la famille

vivant à Oujda, au Maroc ou dans les hauts plateaux sont déjà venus nous voir. Quand je dis :
venus nous voir, il faut comprendre qu'ils sont restés chez nous au moins un mois. Il nous est arrivé
d'être plus de trente à la maison. Une véritable
fourmilière. Mais ces occasions ont au moins
l'avantage de casser l'infernale monotonie des
jours.

Au quotidien, nous continuons à nous entasser
à seize – grand-mère, mes parents, mes huit frères
et sœurs, mon oncle et sa femme qui ont déjà un
petit – dans les trois autres chambres. Comme s'il
était indispensable d'occuper chaque centimètre
carré du sol. Comme s'il fallait de la densité
humaine pour se sentir vivant. L'espace vide, c'est
dehors. C'est le désert. C'est la mort.

Après l'effervescence de cet été, au cours d'une
nuit, exaspérée par l'idée de cette pièce inoccupée
– alors que j'inflige à présent la lumière à toute
une unité de dormeurs ligués contre moi par de
justes récriminations – je me lève et je vais dérober
la clef du sanctuaire pour m'y enfermer à double
tour. Débarrassés des contraintes et des culpabili-
tés, mes nuits, le loisir de la lecture et jusqu'à mon

sommeil en seront transformés. Lorsque je n'ai pas cours, je peux lire toute la nuit en écoutant les radios françaises et m'endormir au matin. Le meilleur du sommeil me vient au matin. C'est ce qui me rend odieux les réveils auprès des autres. Le petit déjeuner prêt, ma mère vient sonner le clairon. En quelques minutes, tout le monde est debout. Sauf moi. Je me recroqueville sur mon grabat avec la vaine espérance qu'on va m'oublier, que je pourrai encore voler un peu de temps. Mais ma mère ne m'accorde guère de répit. Son café à peine avalé, elle s'attaque aux premières tâches du ménage : plier toutes les strates composant les couchages, les ranger en de laborieux édifices verticaux contre les murs, laver les plaids souillés d'urine, rincer les nattes en alfa. Elle met tout ça à sécher au soleil pendant qu'elle entreprend de laver le ciment du sol à grand renfort de seaux d'eau.

Même le piédestal du lit, plus tard, ne m'a pas épargné ce tintamarre du matin. La fureur des sceaux et les criailleries sont la sanction de mon incapacité à me couler dans le repos commun, calibré. Je me résigne à me lever, les paupières lourdes de manque de sommeil et l'œil noir de ressentiment.

Mon appropriation de cette chambre donne le coup d'envoi de la guerre, jusqu'à ce jour larvée, entre ma mère et moi. Chaque matin, elle abandonne épisodiquement ses besognes pour venir tambouriner avec hargne contre la porte : « Hé ! l'Américaine ! Il y a du travail qui t'attend. Lève-toi ! » Je me retourne sur la banquette, savoure mon opposition à l'ordre maternel et cette merveille des merveilles : chaparder encore quelque somnolence loin du tapage et des querelles. Mais lire toute la nuit et dormir le matin, vivre décalée des autres – *à l'américaine* – me permet d'échapper aussi aux activités qui dévorent les jours et me terrifient. L'inversion complète du sommeil inaugure la métamorphose du refus en résistance. Elle scelle ma détermination à ne pas me laisser transformer en esclave de mes frères. Eux, ils passent leur journée à jouer, à nager à la piscine. Le soir, ils peuvent aller au cinéma. De toute façon, ils sont non seulement libres mais encore choyés, adulés. Moi, je n'ai droit à rien de cela. Je devrais seulement servir, obtempérer et me taire. Taire même le chagrin que m'infligent tant de ségrégations dans l'affection. L'arrogance des garçons, petits monarques en puissance, jointe à l'intransigeance des parents m'indignent. Je me ferais tuer plutôt que

141

de prêter un petit doigt à quelque rangement. C'est, je crois, à cette époque que j'ai commencé à prendre conscience du regard glacé que ma mère jette sur moi, de la constance de ses aboiements, de l'absence de mots affectueux ou rassurants. N'y a-t-il aucune exception à cela? J'ai beau me racler le souvenir, je n'entends que la litanie de ses jérémiades, ses ordres qui martèlent mes jours.

Je me gave alors de la seule liberté à ma portée, la lecture. Je lis tout le temps. Avec avidité. Désormais, je peux avoir des livres à profusion. Je suis loin de comprendre tous les mots que je lis et c'est tant mieux. Les mots inconnus sont les plus grandes foulées de ma fugue. Ils me laissent libre du sens accordé à leur graphie, à leur sonorité, et me grisent davantage. Ils représentent tout ce que je ne connais pas de l'histoire, de la géographie, des humains. Ils sculptent mon imaginaire entre le manque et ses tentations. L'habitude du dictionnaire et des atlas posés à proximité ne viendra qu'un peu plus tard. Avec l'exigence de la maîtrise d'une langue et la nécessité de déchiffrer ses résonances en moi. Pour l'heure, j'ai seulement besoin de dévorer l'espace et la substance des mots. Les livres sont maintenant mes seuls vivres. Je suis devenue anorexique.

Je ne restituerai pas de sitôt la clef de la fameuse pièce. Je hurle ou détale quand ma mère tente de me l'arracher. Mes cris l'inhibent, la tétanisent d'effroi. Sauf à rugir comme une bête blessée sous les coups de la mort, une fille ne crie jamais, surtout pas de rébellion. Moi, j'ai appris ça, la force du cri. Je sais son poids de honte et d'interdit. À défaut de me faire entendre, comprendre, je le crois capable de me défendre. J'en ai mesuré l'impact dans les yeux de ma mère. J'en ai apprécié la puissance répulsive. Il me vrille sur place et c'est ma mère qui bat en retraite en gémissant : « Elle est folle, ma fille ! »

Il m'a fallu livrer une bataille sans nom et bénéficier de l'aide d'une étrangère, une Française, la directrice de mon école, pour pouvoir franchir le seuil du lycée de la ville voisine. Le jour où je lui ai donné mon dossier de sixième à signer, pris de rage, mon père a roulé les feuillets en boule, les a jetés à l'autre bout de la pièce : « Il est hors de question que tu ailles étudier dans la ville. Je ne peux pas accepter que tu puisses passer tes journées loin de ma surveillance ! » Avisée de ce refus, la directrice est venue le voir. Au plus chaud de la

guerre, cette femme n'a pas mâché ses mots :
« Monsieur Mohamed, moi, je crois que vous êtes
un grand résistant parce que vous avez mis vos
filles à l'école. En tout cas, c'est pour moi un acte
de résistance beaucoup plus engageant que de
combattre un ennemi tout désigné. Lutter contre
les siens est si difficile. Moi aussi je suis pour
l'indépendance de l'Algérie. Et elle viendra.
Demain. Dans quelques mois... C'est inéluctable.
Alors commencera une autre bagarre. Celle contre
les mentalités rétrogrades, l'obscurantisme. Vous,
vous l'avez déjà entamée. Vous, vous avez déjà
assumé ce qui pour d'autres n'est encore qu'un
projet lointain. Pour que l'Algérie soit réellement
indépendante, il lui faudra sa propre relève
d'enseignants, de médecins, d'ingénieurs... » La
main de mon père s'est mise à trembler, soulevant
une petite tempête dans le verre de thé qu'il tenait :
« Je vous promets que Malika continuera ses
études. Même en Russie s'il le faut ! »

Le collège dans la ville d'à côté, c'est la journée
entière hors de la maison, loin de toute la famille.
Ma délivrance. Je suis la seule fille de mon village à
y aller. Nous ne sommes que quatre filles au
secondaire pour toute la région. Les trois autres se
marient rapidement. Je demeure seule parmi plus

144

de quarante-cinq garçons. Cette exception illustre combien cet acquis est fragile. Elle donne aussi toute la mesure de son caractère enivrant. Reste, toujours présent, le péril du mariage. Mais j'ai une telle rage au cœur qu'il est hors de question de me laisser piéger. Au pire, je me sauverais de nuit de la maison. Je marcherais droit devant moi dans le désert. Plutôt mourir de soif, me faire bouffer par les chacals. Ces serments me galvanisent, m'aident à tenir. Nourrie de fiction, je me construis au quotidien en héroïne de ma propre légende : « Moi, je serai cosmonaute ou médecin et peut-être même écrivain ! » J'ai tant besoin de m'accrocher avec ferveur à l'inaccessible pour ne pas faillir. De rêver mes lendemains, de les parer des plus grandes espérances pour ne jamais fléchir. Le chemin à franchir est abyssal. En attendant, j'engrange du savoir afin d'étayer mon avancée.

L'après-midi me tire enfin de ma retraite sans me plonger pour autant dans la vie familiale. Où que je m'assoie un livre reste dressé tout contre mon visage. Grand-mère tente de me raisonner : « Tu t'abîmes les yeux à tant lire. Ça va finir par te rendre aveugle ! » Je lui sais gré d'avoir baissé le ton pour ne pas donner à ma mère l'occasion d'une surenchère. Je lève les yeux de mon livre et lui souris. Nos regards retrouvent aussitôt leur complicité. Elle en oublie son sermon.

La nuit, allongée sur l'une des banquettes, je suis parfois hantée par les gueules des marieuses surprises ici ou là à me scruter d'un œil prédateur. Mes seins ont poussé et je découvre l'émoi de mes propres caresses, un avant-goût de transgression.

Cette victoire d'être enfin seule, bien seule, des heures et des jours durant, est si décisive qu'elle décuple ma joie autant que ma ténacité. J'ai fait mes premiers pas sur la voie de la liberté. Reste à ne pas m'en laisser arracher. Barricadée dans la pièce des invités, je ressasse : « Jamais servante, non. Je suis l'Invitée. » Je m'impose en Invitée dans ma famille. Au milieu de l'oralité, je vis rencognée dans les livres. Les livres sont mes seuls convives. Je leur ai même installé trois étagères dans *la pièce des invités*. C'est ma petite révolution à moi. Le signe que je suis en train de devenir étrangère aux miens. Retranchée de leurs jours en plus de leurs nuits. Une vie en marge. L'idée m'obsède. Ses promesses ne sont pas exemptes de mélancolie.

Ici

Je vois de tout dans mon cabinet, des petits tracas aux grandes détresses. J'avais cru abandonner le stress de l'urgence et du danger avec ma spécialité. Je m'étais réjouie de pouvoir me consacrer aux bobos de la médecine générale. Je découvre combien sont nombreux les êtres que la santé du corps ne préserve pas de périls impalpables. A quel point les identités disloquées, les tragédies, les fatalités peuvent grever le pronostic vital. C'est ce qui allait constituer mon lot. Je vais devoir m'empoigner ici avec un condensé de problèmes psychiques et sociaux, de malvie.

Mes patients sont majoritairement maghrébins. Il y a aussi des Turcs, des Portugais, des Gitans, des Afghans... Parmi les Français le quartier compte surtout des exclus, des pauvres et quelques originaux.

Jour après jour, j'examine les lits des immigrés, ces *corps partis,* comme les a nommés la poétesse syrienne, voisine de mon cabinet. Il y en a qui ont acquis des draps, l'apparat complet du sommeil à l'occidentale. Je découvre des lits que d'affriolantes dentelles et autres fioritures installent en berceaux. Signes sans doute d'une transplantation réussie dans la vie d'ici. Je visite des grabats jetés au fond de taudis, dans les réduits des marchands de sommeil. En traversant des dédales de couloirs infâmes pour découvrir des hommes brûlants de fièvre et crachant leurs poumons dans le moisi de cagibis sans fenêtre, seuls, loin de leur famille restée là-bas, j'éprouve parfois une gêne à m'être pointée là si pimpante. Mais les regards pleins de gratitude me rassurent. Les yeux me disent une ferveur que la pudeur du moment réduit à des remerciements balbutiés. Plus tard, lorsqu'ils peuvent enfin se lever et fuir le caveau où le mal les avait immobilisés, ils viennent à mon cabinet et, avec un dandinement gauche, des mines de petits garçons si pathétiques quand les têtes sont chenues, les corps désarticulés par des rhumatismes ou des accidents de travail, ils me tendent quelques dattes, une théière, un plat ou un plateau en offrande : « Pour les soins et le soleil que tu as apportés. » Leurs mots, l'expression de leur visage me bouleversent tant. C'est mon plus beau cadeau.

Me rendre au chevet de ces lits de la plus extrême solitude, dans les recoins de la misère et du déracinement, est devenu mon urgence à moi. Ces lits-là ne sont pas des lits debout. Ils sont cassés, casés au bout de tout. À bout. Et finalement ne rien changer à ma mise, ne pas me *déclasser* pour les aborder, c'est ma façon de restituer une part de respect à ces dignités un temps abattues.

Ma petite silhouette, ma tignasse frisée et ma mallette sont mes meilleurs laissez-passer à travers le sordide, l'obscurité, les écueils des ghettos, jusqu'à ces lits délaissés, ces regards avides. Quel que soit l'état de la paillasse, je m'assieds au bord, découvre le corps, l'examine, le palpe, tiens la main du patient pour lui parler, le rassurer. Lorsque je m'en vais et malgré le poignant de la situation, j'éprouve une étrange sérénité. Au fur et à mesure, je suis parvenue à cette singulière déduction : ce sont eux qui me soignent tous les jours. Ils me confirment que j'ai continué sans rien renier, pas même la pauvreté. Ils introduisent dans ma profession une vision, une dimension maghrébines. Ils me font m'y exprimer dans la langue de l'enfance. Leur quartier déploie en permanence autour de moi ses saveurs, ses senteurs familières. Familières, c'est le mot.

149

Mais le bienfait le plus profond me vient de leurs regards. Je mettrai plus de temps à en prendre conscience, à en mesurer le pouvoir réparateur, régénérateur. Les mêmes yeux ont entrepris de restaurer ici ce qui avait été saccagé là-bas.

Cela ne m'empêche pas de réagir à leurs travers et de piquer souvent des colères phénoménales contre eux. Ils s'y sont habitués. C'est bien la preuve que je les ai complètement rejoints.

Au temps du lycée, quand le choix de la médecine s'est imposé, je m'étais longtemps imaginée toubib des nomades. Je n'allais pas m'occuper des gens de la ville! Je ne toucherais pas aux corps dont les regards m'étaient déjà une brutalité! Le verbe nostalgique de ma grand-mère, la vie recluse de ma famille au pied d'une dune, face à des immensités jamais franchies, une adolescence blessée, le désenchantement des rêves qu'avait nourris l'attente de l'indépendance, avaient suscité en moi l'illusion que la liberté était dans le mode de vie abandonné par mes parents, celui des nomades. Je me voyais bien crapahutant à travers les ergs et les regs, avalant des déserts en 4 × 4 pour aller porter secours aux derniers des impénitents et vacciner leurs enfants.

150

C'est loin du désert, dans un autre Sud, dans une ville au bord de la Méditerranée, à Montpellier, que je suis devenue toubib des nomades de mon temps, les immigrés.

Toute la vie de ces *corps partis* n'est qu'un transit entre ici et là-bas. Premiers débarqués déambulant dans des villes étrangères, génération zéro, ils rasent les murs comme des fantômes pour ne pas se faire remarquer et tiennent longuement des palabres au café pour retarder le moment où il leur faudra retrouver leurs lits sinistrés.

Là-bas

J'entre en classe de seconde. La veille des grandes vacances, le proviseur m'a convoquée pour m'annoncer que j'étais nommée : *maîtresse d'internat*. Personne d'autre ne pouvait occuper ce poste. Les pions, eux, avaient été choisis de longue date en prévision de l'ouverture du pensionnat. Une grande chambre avait bien été aménagée avec sept à huit lits pour filles. Mais on était loin de se douter qu'on allait y recourir dès la première année. Et voilà qu'à l'approche de la fin des cours, deux hommes sont venus, l'un de Timimoun, l'autre de Tindouf, de six cents et mille kilomètres plus loin dans le désert, pour y inscrire leur fille. Aussi m'a-t-on mandée en catastrophe beaucoup plus tôt que prévu.

En 1962, à l'indépendance de l'Algérie, seulement dix pour cent de la masse scolarisable des enfants avaient emprunté les chemins des écoles françaises. Les garçons en constituaient l'écrasante majorité. Un miracle que j'aie fait partie de ces privilégiés. Mais en ce milieu des années 60, l'effet des lois sur la scolarité obligatoire commence à porter ses fruits. Elles stipulent la suppression des allocations familiales chaque fois que des adolescents, filles ou garçons, sont retirés du cursus scolaire avant l'âge de seize ans. De plus, l'État offre une bourse pour tous les lycéens quel que soit le revenu du père. De sorte que les familles n'ont rien à dépenser pour les études de leurs rejetons. C'est ce qui fera qu'au bout de trente ans d'indépendance, l'Algérie aura produit plus de francophones que durant les cent trente années de colonisation ! Sauf qu'en ce qui concerne le sexe féminin la rançon est ailleurs. Les parents ont à assumer la critique, le désaveu du front de la tradition. Ils exposent leurs filles à la réprobation, aux propos abjects dans la rue. Quand ce ne sont pas des pierres dans les jambes pour oser ainsi fouler un territoire jusqu'alors réservé aux garçons.

Je n'ai pas de chambre à proprement parler. Des armoires métalliques, dressées côte à côte, me délimitent un espace respectable dans un coin de la pièce. Deux d'entre elles me sont réservées qui s'ouvrent de mon côté. Au dos des autres, je scotche un grand poster figurant la mer. Je demande qu'on m'installe une lampe de chevet, une table pour travailler, et les obtiens dans la journée. J'ai le loisir de disposer pour la première fois d'une salle de bains pour moi seule. Mes pensionnaires auront à partager des douches communes. Elles arriveront demain. Ce soir, je suis seule. Sur mes talons, le veilleur de nuit donne un double tour de clef à la porte de la petite aile sans que je me sente enfermée. La nuit, jusqu'à présent, les insomnies, les livres et la pièce des invités étaient les seules distances entre ma famille et moi. C'est la première fois que je vais veiller et dormir à des kilomètres d'eux. Si j'ai conscience que ce poste, ce salaire marquent l'étape décisive de mes quinze ans, j'ignore encore l'ampleur du changement à venir.

Malgré la promesse de mon père à mon ancienne directrice d'école, j'ai failli être mariée au début de l'été dernier. Personne n'a jugé utile de me demander mon avis ou seulement de m'informer de ce projet pourtant imminent. Je ne l'ai découvert qu'avec le débarquement, chez nous, de la supposée future belle-famille avec cadeaux et moutons pour célébrer les fiançailles. Le frère de grand-mère, qui vit là-haut dans ses steppes, et que je n'ai pas vu depuis des années, a jugé qu'à quatorze ans, j'étais en âge de fonder une famille. Il était hors de question qu'il me laissât devenir vieille fille. C'était à lui, le patriarche de la tribu, de remédier à la déficience de mon père. « Je vous la donne dans sa robe », a-t-il dit à la famille venue lui en faire la demande.

Profitant du répit que me laissaient mes parents, occupés à accueillir ces *invités de Dieu* [1], je me suis sauvée de la maison, du village. J'ai détalé. La peur au ventre. Le scandale provoqué par mon évasion a eu un effet immédiat. Qui voudrait d'une fille capable de fuguer, de faire perdre la face aux hommes de sa tribu ? Dès le lendemain, la famille postulante a repris son mouton bêlant et la route des steppes. Grand-mère s'est mise à me considérer avec une lueur d'admiration narquoise. Ma mère s'est murée dans sa bouderie. Mon père ne m'a pas adressé la parole de longtemps. Mais rien n'a pu ternir ma victoire. Quelques mois plus tard, l'esclandre du 1er novembre viendra couronner ma

---

1. Formule consacrée avec laquelle s'annoncent tous les demandeurs en mariage.

réputation d'insoumise, de dépravée. Ainsi, plus
personne ne s'avisera désormais de vouloir me
marier à mon insu.

Assise sur le lit, ce premier soir à l'internat, je
pense aux quatre mois de vacances scolaires. Une
longue insomnie calcinée par le feu de l'été. Le
danger du mariage écarté. La reprise des cours, les
heures de permanence vont restructurer mes jours,
recaler mon peu de sommeil sur la nuit plutôt
qu'au matin, tempérer mon *ensauvagement* en me
replongeant dans cette seule vie sociale à laquelle
j'adhère, la communauté de l'enseignement. En
études, je vais avoir quarante-cinq garçons et les
deux filles internes. Je sais que je vais être bouclée
avec ces dernières toutes les soirées ici. Je n'ignore
pas que je serai une surveillante sous haute surveillance. Mais j'éprouve un immense soulagement à
ne pas devoir rentrer chez mes parents. J'y pense
longtemps cette nuit-là. Je suis parvenue à m'arracher au corps familial. Je suis cet arrachement.
Une particule, une parcelle de peau avcc des
manques pour tout sens. Des corps, je ne sais que
les défauts, le vampirisme et l'étouffement. Pas
l'amour, sauf celui de grand-mère. Mais grand-

mère comme moi s'est retranchée derrière les mots. Elle est une ascète, une femme pieuse au verbe vagabond, poète. La quête des mots lui fait guetter leur impact dans les yeux des autres. Y voir flamber des rêves, c'est sa façon de caresser.

Encore en chantier, en périphérie de la ville, à proximité de la même dune, Barga, qui borde Kénadsa, le lycée ne comporte que trois bâtiments posés sans clôture face au désert. Allongée sur mon lit, je regarde le poster de la mer avec l'impression d'avoir embarqué à bord d'un paquebot pour une destination lointaine, encore inconnue. Et je pressens avec une exaltation un peu douloureuse qu'il n'y aura pas de retour possible. Que le prix du voyage sera exorbitant.

Ici

Face aux aveux parfois terribles de certains patients, je pense souvent à cette autre inquiétude de mes amis au moment de l'ouverture du cabinet : « Il n'y a que des hommes, là ! Tu ne ferais pas mieux de t'installer à la Paillade ? » La Paillade est une zone de HLM à l'ouest de Montpellier. Un de ces dortoirs à la lisière des villes. C'est là que vivent les familles immigrées. J'ai choisi d'exercer au Plan Cabane, quartier commerçant, pisseux, épicé, débraillé, accolé au centre-ville. C'est le fief des *zoufris*, les ouvriers venus seuls en France. Ceux qui hantent les dédales des marchands de sommeil. Les taudis de la solitude.

Mais non, être femme n'est pas un handicap pour *le médecin des Arabes*. Serait-ce un avantage ? Oui, si l'en on exclut tout aspect pécuniaire. En recevant des confidences voilées de cas d'impuissance sexuelle de la bouche d'hommes torturés, j'ai

159

d'abord pensé qu'ils s'étaient forgé une perception asexuée de ma fonction. Ce n'est pas exact. Je le sais. Je finis par en déduire qu'exprimer l'inavouable est sans doute plus aisé dans sa langue à soi, que les contorsions des métaphores maghrébines les préservent de la crudité des mots. Peut-être les soulagent-elles en théâtralisant leur désespoir. La plupart prêteraient à sourire n'étaient ces regards roués par le malheur : « Docteur, je ne suis plus un homme. Docteur, mon âme est morte... » Des phrases à bout de souffle, à bout de sens, le corps cassé par la mort de l'âme, le pénis.

Un jour un Marocain m'avoue : « Cet été, ma mère veut me marier pour la troisième fois. Je n'en peux plus. Elle a renvoyé l'une après l'autre mes deux précédentes femmes. Au bout de deux ans de mariage. Chaque fois pour le même motif : elles n'étaient pas tombées enceintes. Moi, je perds ma vie ici à faire le *zoufri*, à me ruiner de mariage en mariage. Je regrette beaucoup ma première femme. Elle, je l'aimais. Je l'aime encore. J'ai eu des nouvelles d'elle l'été dernier, quand j'étais là-bas. Elle s'est remariée. Et là, elle a eu tout de suite des enfants. » Les analyses montreront qu'il a une azoospermie. C'est lui qui est stérile. Il hoche la tête d'accablement : « Je m'en doutais. »

160

D'aucuns viennent m'exposer ce corps de délit, l'impuissance, mais continuent à se refuser à toute évocation d'inhibition psychique, se rebiffent et – est-ce pour donner plus de véracité à leurs dénégations? – s'expriment soudain en français : « Non, non, y pas d'aute souci, macache! La tîte va bien. Le problème, c'est la couche. Y a que le lit qui marche pas!» Quand toutes les analyses demandées se révèlent normales, ils restent longtemps hébétés à fixer l'intelligible résultat en répétant : « Que la couche, que le lit qui marche pas, rien d'aute!» C'est moi qui me trouve alors impuissante à leur faire admettre que l'atteinte n'est pas organique.

Un jour, tandis que j'essaye de l'aiguiller vers un psy, un homme âgé d'à peine trente-cinq ans s'écrie : « Qu'est-ce qu'il va me faire? Rien que parler?» Après un moment de sidération : « Mais, j'veux pas qu'on me vide la tîte, j'veux bander, moi! Laisse tomber les parleurs. Toi, tu es docteur et tu fais des livres, tu dois trouver à me soigner! – Des livres, pas des talismans. Je suis médecin, pas sorcière ni " parleur "!»

Ils savent tous que j'écris des livres. Ils ne m'ont pas lue. Ils ne savent pas lire. Quoi qu'il en soit, je ne leur enlèverai jamais de la *tîte* qu'un toubib qui commet des livres doit avoir la science irradiée par un sacré pouvoir occulte. Alors je devrais parvenir à leur raccrocher la bandaison et guérir aussi les femmes de ce *malpartout* violent, endémique. Ce mal-être qui brise les corps : « Une porte qui s'ouvre dans la poitrine, des couteaux qui coupent le ventre, tous les os fracassés, de la tête aux pieds, crabouillés comme le marteau, brûlés comme le chalumeau, tous, tous, tous ! J'ai envie que dormir ! »

Là-bas

Il y a dix maîtres d'internat et moi. Nous avons tous entre quinze et dix-sept ans. L'établissement compte maintenant une vingtaine de filles – ma sœur en fait partie – sur quelque trois cents lycéens dont un tiers de pensionnaires. Le soir, entre études et repas, mes deux internes arrivées du plus loin du désert se rencognent dans des mines effarouchées, des chuchotements inquiets en contemplant les jactances et les chicanes des garçons. Elles ont toute mon attention. J'observe les manœuvres d'approche des garçons. Je devine leurs tiraillements à elles, entre le besoin d'échange, l'insupportable isolement et le verrou des censures, des recommandations.

Je sais ça.

Ma découverte, c'est qu'elles, elles n'ont pas eu à batailler pour être là. Issues de milieux moins défavorisés, les résolutions des parents ont, ici, devancé leurs aspirations. Elles en sont rigides d'honorabilité et égarées.

Au moment de regagner leur lit, leur empressement l'une pour l'autre et à mon égard ne m'abuse pas. Leur regard semble quémander ce que leurs gestes exténués – par les journées contraintes de représentations – ne sauraient combler : l'absence de la famille. La nécessité de la mère, surtout.

Je me surprends à jouer à la grande sœur – que j'ai toujours refusé d'être – et me consterne de leur constat : « À quoi bon des études à ce prix, coupées des nôtres ?! »

Coupées des nôtres! À ces paroles, je m'échoue sur mon propre lit, me ramasse derrière l'écran des armoires dressées entre elles et moi, fixe le poster de la mer scotché à leur dos : pourquoi ai-je manqué un sentiment si essentiel ? Qu'est-ce qui s'est détraqué entre mes parents et moi ? Dans quel mystère s'ancrent ces certitudes filiales ? Est-ce pour ça que ce sont plutôt les doutes qui me hantent, moi. Mes deux ou trois convictions sont dérangeantes et brouillées de colère. D'irréductibles besoins de fuite et de transgression arc-boutent mes nerfs.

Je n'ai pas le temps de tirer mon fil de ce micmac, qu'elles ronflent déjà. J'éteins la lumière de leur côté persuadée que c'est moi qui ai raison. Au clic! de l'interrupteur, claque mon rire intérieur : « Il n'y a pas plus faux-cul que ce mot, raison! »

Moi, je ne vais chez mes parents que pour remettre mon salaire à mon père. Par la suite, j'invoquerai mille prétextes pour espacer de plus en plus mes visites et confier l'argent à ma sœur qui, elle, rentre tous les soirs. Devenue soutien de famille à mon insu j'entendrai mon père décréter, un jour, en me flattant le dos : « Ma fille, maintenant tu es un homme! » Cette réflexion et le fait que je ne tarde pas à pouvoir me dispenser de me rendre au village durant des semaines voire des mois, me forgent une conviction : salaire après salaire, je consolide des acquis. J'achète ma liberté.

Je bûche et je lis tard. Des lectures importantes balisent mes insomnies : Rimbaud, Colette, Giono, Sartre, Beauvoir dont *Le deuxième sexe* m'ouvre des horizons et me conforte. Camus, lui, m'est étranger. Yacine tout autant. Le Sud sordide et violent de Faulkner plus proche. Je n'apprécierai Camus qu'après la lecture de Kafka, encore qu'il me faille attendre *La chute*. Et j'élabore déjà une petite théorie sur les écritures d'un terroir, d'une sensualité et celles de l'angoisse et du désarroi.

Dans le silence cloisonné de ces nuits, je me représente le dortoir des garçons au-dessus de ma

165

tête. J'imagine le nombre de lits simples ou super-posés. Toute cette armature en ferraille déployée sur des strates de béton. Sorti des grabats des maisons de terre, le sommeil recompose ici une autre entité : la couche sociale, la collectivité. Je crois que je ne pourrais jamais fermer l'œil dans un lieu pareil, un dortoir. Alentour, il me semble percevoir les craquements des trois bâtiments du lycée plantés dans les sables. Des ronflements se mettent à blatérer dans ma tête comme des chameaux fous.

Les internes en mal de famille ne sont pas reve-nues. Étrennent-elles les trousseaux de mariées patiemment confectionnés par leur mère ? Habi-tent-elles tout près de leur affection ? Qu'importe, d'autres les suivent qui iront à peine plus loin. Qu'importe, moi, je veux goûter à d'autres joies et même à d'autres peines. Je veux tâter plus loin.

Ma vie de lycéenne est cernée de petits caïds qui s'entendent à m'importuner. Deux des plus mépri-sables, le proviseur et l'inspecteur, finissent par échafauder un stratagème pour punir mon inso-lence à leur tenir tête : ils me suspendent de mes fonctions la veille des vacances scolaires pour me réembaucher à la rentrée. Le but de la manœuvre consiste à me priver du salaire des quatre mois d'été. Ils m'assènent ce coup deux années de suite. Ils me haranguent, me soupçonnent de tous leurs vices, m'inventent même des amants. Crétine en mal d'idéal, je suis encore vierge et n'ai encore jamais même pris une goutte de vin. Je me suis mise à fumer, ça oui. J'ai eu quelques flirts, oui. Mais personne n'a suscité en moi l'envie d'aller plus loin. L'amour, je ne fais que le rêver. C'est un exercice qui occupe beaucoup de mon temps.

Je suis persuadée que les deux salauds se partagent mes revenus d'été. Ils ne s'encombrent d'aucun scrupule pour me convoquer de nouveau à l'approche d'octobre. Car même s'il y a, à présent, d'autres filles dans les classes d'en dessous, aucune ne se risquerait à affronter tout ce que j'endure. À la misogynie, notre lot à toutes, s'ajoute l'esprit rétrograde de l'administration. Il me faut tenir en respect jusqu'à 21 heures, des études de plus de quarante-cinq garçons – leurs sœurs de mon âge sont déjà mariées, déjà attelées à agrandir les tribus. Il me faut essuyer les injures ou les obscénités qui fusent dans la cour la nuit, quand je ne peux distinguer leurs auteurs... Une humiliation continue, appliquée à tenter de me broyer l'orgueil et la volonté.

Mon père s'est habitué à compter sur mon salaire chaque mois. C'est lui que ce manque à gagner de deux étés pénalise. Mais mon père est un pauvre. Encore berné par l'indépendance, le nécessiteux mettra du temps à se retourner contre les puissants. D'autant que l'inspecteur clame partout ses liens de parenté avec le colonel commandant l'armée du grand Sud. La coalition de fonctionnaires arrogants avec des despotes en uniforme est déjà en train de modeler des promotions de roitelets. La loi de la *hogra*[1] se propage déjà qui finira par mettre à sac le pays.

Moi l'argent je ne fais que le transmettre. Est-ce que les deux tyrans s'offrent des vacances à mes dépens ? Les vacances, pour moi, ce n'est qu'un retour à la case départ : la pièce des invités, la seule où je puisse lire et échapper à la vie désaccordée, désarticulée par la fournaise et l'insomnie du désert.

Je me débats et manque de soutien avisé contre tous ces diktats. À l'évidence, pour moi la lutte n'a fait que se déplacer. Sortie des murs de mes parents, elle a maintenant la taille du corps social, de l'abus érigé en morale. Elle a démultiplié ses

---

1. *Hogra* : à la fois injustice, arrogance et mépris. Largement utilisée à l'encontre du régime, du système mafieux en Algérie.

espions, ses censeurs... Ma vie est une bagarre per-
manente. Et par trop d'injustices la hargne est une
arme à double tranchant.

Octobre, ils me sonnent. Je reviens. Mon regard
doit jeter une telle charge de fureur et de mépris
qu'ils en baissent les yeux. Je n'ai même plus besoin
de hurler. Je suis assez teigneuse pour me galvaniser
en martelant : « Qu'importe ces minables ! Ce lycée,
c'est moi. C'est l'avenir que je m'y prépare. Eux, ils
ne sont qu'un piège, un autre danger à enjamber.
Moi, j'ouvre la voie aux générations futures des
filles du désert. » On se blinde comme on peut dans
une société tout en canines aux abois. Et l'*apatride*
n'en est plus à une contradiction près.

Depuis la sixième, et sans y avoir été invitée, je
me suis propulsée, plantée comme une écharde
dans ce monde masculin, au centre de ses rivalités,
de ses voracités et de ses dogmes. J'y ai eu quelques
rares copains, le soutien de quelques professeurs
consciencieux.

Ce qui a fait défaut à ce temps brutal, c'est une
vraie amitié. Je ne sais pas encore ce que c'est,
l'amitié. Pourtant j'ai déjà lu Montaigne. *Parce que
c'était lui, parce que c'était moi* m'a laissée songeuse. Est-ce que la nostalgie d'une relation, d'un
état, peut en précéder l'expérience ? Je crois que

oui. Je crois avoir éprouvé ça parfois. Ce n'est pas un vague à l'âme. Plutôt toutes les vagues inaccessibles de l'âme. Comme une rumeur inaudible dans la surdité de cette terre. La douceur d'une brume impossible d'un ciel d'un bleu de guerre. Comme la mer hante des récifs à des déserts de ma peau.

C'est dans l'étau de ces années que me faire belle m'est devenu un instinct de survie. Le fait d'avoir pu bénéficier d'une salle de bains à moi seule y a sans doute participé. Diverses remarques m'en ont peu à peu fait prendre conscience. L'un de mes professeurs m'a dit un jour à ce sujet : « Ça fait partie de ton tempérament de guerrière. C'est un atout, une stratégie ! » Guerrière, certes, à longueur de journée durant cette période lugubre du lycée. Mais pas au moment où je m'apprête, non. Cet instant est au contraire un répit, une manière de pacifier, d'apprivoiser ce corps ensauvagé. Je l'avais arraché à la fabrique des mains des femmes. À leurs massages, malaxages, dressages, gavages et autres calibrages. Je lui avais infligé une terrible anorexie pour le maintenir au bord du vertige et des livres, mes vivres à moi. Après le sombre soir où j'ai failli être lapidée, accrochée à un livre ou perchée sur la dune, je me suis souvent inventé un corps de substitution. Un corps fictif mais conquérant qui s'en allait à travers les aventures des lectures, qui transportait mes rêves hors du naufrage des dunes, abandonnant volontiers le corps blessé, telle une dépouille à la détresse. Je l'observais alors de l'extérieur, de loin, ce corps et le persiflais : « Crève sur place et que ton pays crève en toi. Moi, je suis devenue apatride ! » Parfois une peur mêlée de pitié me frôlait. Mais ma compassion virait à l'instant en ressentiment. J'avais eu des envies de meurtres en masse après le traumatisme de ce drame. Envie d'un fusil pour exploser les gueules hurlantes de mon cauchemar. À défaut, je lui en avais longtemps voulu à ce corps d'en avoir été la victime. En somme, je le lui ai fait payer en le désertant.

Mais il est resté vivant envers et contre tout. Cet entêtement à ne pas mourir, à me désobéir, a fini par forcer mon respect, par éveiller en moi puis entretenir une attention inquiète, celle qu'on témoigne aux rescapés des cataclysmes. Alors j'ai commencé à instaurer des rituels destinés à amadouer une solitude réfractaire, taillée à coups de refus. Je me suis mise à goûter, à butiner chaque beauté à ma portée en guise de pied de nez – de conjuration ? – aux menaces de désintégration, de disparition. J'ai entrepris de me prodiguer mille tendresses avant d'en confier le soin, plus tard, aux caresses et aux baisers des amants.

C'est qu'en fait, j'en étais arrivée à cette évidence : je ne suis pas morte à quinze ans, ce soir de 1er novembre. Tout ce qui peut m'advenir dorénavant est déjà une victoire. L'avenir c'est déjà du rab. Ce soir anniversaire du *déclenchement de la révolution algérienne* – comme cette locution me paraît hypocrite, ronflante ! – ils n'ont réussi à tuer en moi que des illusions sur les collectivités. Celles notamment qui portaient mon enfance pendant la guerre. Haro sur la bêtise et la lâcheté qui préparent le terreau à la cruauté. Les sirènes des clans, des sectes, des sérails, des groupes, des foules, de toutes corporations, j'en ai percé à jamais les fourberies et les dérives. Coupez, cassez tous les liens ! À moi les lévitations les plus insensées.

Mais je ne parle jamais de cette scène : Un feu d'artifice est prévu pour la commémoration du 1er novembre. Toute ma famille s'est rassemblée à Béchar, chez ma tante, pour y assister. J'ai quitté le lycée en ce jour férié sur leur demande et pour remettre le salaire du mois d'octobre à mon père.

Mais la foule sur la place, la nuit, je n'ai aucune envie d'aller m'y mêler. Je préfère rester lire chez ma tante. Hors de question. On ne laisse pas une fille de quinze ans seule dans une maison la nuit. Je regrette ma chambre d'internat et la porte verrouillée dans mon dos par la haute silhouette noire du gardien. Trop tard.

C'est une immense place carrée, bordée d'arcades. La marée blanche des *haïks,* les voiles des femmes, en occupe la moitié. La foule sombre des hommes, l'autre. Ma sœur cadette et moi avons les seules têtes dévoilées. Nous venons à peine d'arriver que me parviennent des propos obscènes, des haleines chargées de vinasse. Un groupe de jeunes gens ivres s'est infiltré parmi les femmes pour se placer derrière nous. J'endure leurs grossièretés en bouillonnant mais sans broncher car les ronchonnements des femmes alentour m'accusent de les exposer *à la honte, à la vulgarité* par mon impudence à me présenter là *nue* en pleine nuit. On dit *nue* parce que *sans voile.* C'est l'expression usitée. Enhardi par les accusations des femmes, les incitations de copains aussi éméchés qu'excités, le plus âgé de la bande porte ses mains sur mes seins puis me pince une fesse. Je fais volte-face et dans un haut-le-corps lui expédie une paire de gifles retentissante et un genou dans les couilles. Il se tord de douleur, tombe à la renverse dans les bras de ses acolytes. Ma riposte déclenche l'ire, le déchaînement de la bande qui fonce sur moi, menaçant de me violer, de m'écarteler, m'éclater en morceaux, me...

Prise de panique, je saisis la main de ma sœur et m'élance à travers la place en direction de l'angle où doivent se tenir mon père et mon oncle. Un sprint effréné, poursuivi par la horde en rage, durant lequel je reçois toutes sortes de projectiles, de coups, d'injures. Deux voix cependant surplombent les invectives de cette lugubre soirée. Celle du photographe, Bellal : « Malika, par là, par là, vite ! » Sa boutique est ouverte. Elle donne sur la place. Il voulait faire des photos du feu d'artifice. Il nous connaît depuis l'enfance. Il venait à la maison pour toutes nos photos d'identité.

Nous nous engouffrons dans son magasin ma sœur et moi. Il a à peine le temps de descendre son rideau de fer que la foule est déjà dessus à essayer de le défoncer. Les vitres ont volé en éclats sous les jets de pierres. Il a fallu deux fourgons de flics pour qu'on nous sorte de là, traumatisées, blessées mais vivantes. L'autre voix importante de cette nuit est celle d'un jeune policier. Il a suivi la scène impuissant à nous protéger de la horde. Il nous rejoint au commissariat hors d'haleine, choqué lui aussi. C'est lui qui dans une fureur magnifique explique ce qui s'est passé au commissaire bourru qui m'accuse déjà de prostitution. Si son supérieur avait ajouté un grognement de plus, il lui aurait défoncé la gueule tant il était indigné, survolté : « Des sauvages ! Nous sommes encore des sauvages ! Des dizaines d'hommes voulant lapider deux gamines dont le seul tort est de refuser... Elle reste à faire la révolution, la vraie ! »

Plus tard en pleurnichant ma mère se lamentera : « Tu n'aurais jamais dû quitter le rang des femmes ! »

Le lendemain on raconte dans tout Béchar qu'on nous a trouvées en train de forniquer avec des militaires sur cette place ma sœur et moi. La bêtise ne peut s'encombrer de vraisemblance. Les trois années qui me restent à vivre dans ce lycée, dans cette ville seront un enfer. Les injures, les grossièretés redoubleront de vigueur.

J'ai écrit cette horreur, de façon plus détaillée, dans mon premier livre, *Les hommes qui marchent*. Mais dans ce roman la narration est à la troisième personne du singulier. C'est une autre, Leïla, qui l'a subie. J'éprouve le besoin de la réécrire ici. Sans

175

cette scène ce livre me paraîtrait incomplet. Aussi parce que je sais maintenant que cette violence a joué un rôle capital dans ma liberté en devenir.

Allongée sur mon lit les soirs de grande rébellion, je tranche la langue dans ma tête, recrache ses conventions. Je mords les termes les plus cinglants, les débite encore sanglants. Je m'aiguise la dent et la repartie. Il n'est pas dit qu'*ils* auront le dernier mot. *Ils* ne l'ont jamais, non. *Ils* ont la bassesse de leurs actes. Mais *ils* ne peuvent pas me faire taire. Je suis plus forte qu'eux en répliques. Ça les agace. Je m'en délecte.

Cette ronde rageuse du verbe dans mon esprit la nuit, est-ce déjà de l'écriture? Oui. C'est déjà de la création. Comme tout solitaire démuni, je n'ai que ce recours-là. Personne ne me parle de psychanalyse. J'ai rencontré le mot au fil des lectures. Mais il n'est qu'une coquille vide. À peine un peu d'exotisme. Du reste je n'aurais pas aimé. Moi, je dois me sortir des traumatismes toute seule. J'apprends à avancer parce que je refuse de crever.

Je ne sais comment je me suis tirée de ce qu'on pourrait appeler une crise, comme on dirait crise de nerfs ou crise de lenteur, de dégradation, comme serait un sommeil feint. La solitude c'était ça aussi. Une sorte d'écriture. Et lire c'était écrire! Duras encore, dans *Écrire.* Duras, divinement.

Et me faire belle c'est aussi ça : imprimer au corps le langage du plaisir, du défi contre l'implosion. Car si *le rire est l'élégance du désespoir,* l'élégance, elle, en est la noblesse.

Lorsque j'ai les nerfs et les pensées dans cet état, je ne peux pas lire un roman, même pendant la pire insomnie. Seule la poésie m'aide à décrocher, m'embarque, m'absorbe. Parce que lire cette quintessence, c'est s'inscrire dans l'évidence, dans une force tectonique qui éclate et ressuscite. C'est tremper l'esprit à l'alerte, l'étancher même en enfer.

CORPS DE DÉLIT

Ici

Dimanche 12 février 1995, en début de soirée, je m'effondre dans un fauteuil, éclate en sanglots en apprenant la mort de Rachid Mimouni. Durant ces deux dernières années, Rachid et moi avons souvent partagé des émissions de radio, des rencontres publiques. J'ai appris à apprécier l'homme. Le drame du pays, nos sensibilités écorchées nous ont d'emblée rapprochés. Un bond me précipite dans ses bras dès que je l'aperçois. Il me serre contre lui, murmure à mon oreille : « Ma belle. La plus belle ! » Je puise un grand réconfort dans l'étreinte, dans la présence de ce frère de combat. C'est d'avoir été obligé de quitter l'Algérie sous la menace qui a tué Rachid ! Il vivait si douloureusement l'exil. Il y a peu de temps, lors d'un hommage à Tahar Djaout, il m'a raconté ses difficultés à vivre hors du pays. J'ai rétorqué : « Je préfère te savoir vivant, là, même avec des problèmes, plutôt que mort en Algérie. » Il n'aura pas enduré l'exil longtemps.

Le lendemain matin, je me réveille l'âme barbouillée, les paupières gonflées par les larmes. Il me faut chausser des lunettes sombres pour me rendre, présentable, à mon cabinet. Je suis en train d'examiner mon premier patient lorsque le téléphone sonne. Je décroche. J'entends d'abord un bruit de papier froissé, suivi d'une horrible quinte de bouc en rut puis : « Tu vas ccreever, sale chienne! Tu vas ccreever, sale chienne! – Ayez d'abord les couilles de dire qui vous êtes! » Il raccroche. J'en fais autant rageusement mais n'ai pas le temps d'avancer vers la table d'examen que ça recommence. Même voix. Même rut. Même menace : « Tu vas ccreever, sale chienne! Tu vas ccreever, sale chienne! » Rien d'autre. Le ton a quelque chose de dément, de glaçant. J'abandonne l'appareil décroché et reviens à ma tâche sans piper mot. Durant la matinée, chaque fois que je tente de raccrocher la ligne, ça ne loupe pas. Toujours cet insupportable raclement de gorge avant qu'on ne me recrache par deux fois dans l'oreille : « Tu vas ccreever, sale chienne! » En ccreeusant les premières syllabes en coup liminaire du projet d'exécution.

En fin de matinée, ma consultation achevée, je m'affale sur mon siège, me prends la tête dans les mains, observe d'un œil circonspect le combiné toujours à côté de son socle. Mais c'est le souvenir d'un autre coup de fil qui m'assaille. Celui-là m'était venu de Béchar, là-bas, dans le désert, trois ou quatre jours auparavant. Ce n'étaient pas mes parents. Ils n'appellent jamais. Moi non plus. Quoi qu'il se passe. J'avais sursauté de joie en reconnaissant la voix de Fatiha, une fille de mon funeste lycée. J'avais toujours envié à Fatiha sa complicité avec ses parents, fruit d'un soutien et d'un amour inconditionnels. Forte de cela, Fatiha n'était affectée ni par les yeux des prédateurs ni par les charges des moralisateurs. Elle se payait même le luxe de s'en moquer sous cape. Cela lui conférait un visage rayonnant, un rire sans lézarde. Dans la circonstance, cette candeur radieuse tenait du miracle. Observé, côtoyé au quotidien, le bonheur des autres éclabousse et perturbe à la fois... Devenue avocate, Fatiha est retournée s'installer dans sa ville natale, Béchar, y a fait des enfants. Elle m'avait appelée pour m'apprendre que mon plus jeune frère avait été emprisonné pour activisme dans les réseaux intégristes : « Rassure-toi, il n'a tué personne. Mais enfin, il travaillait à leur propagande. » Elle se chargeait de sa défense, promettait de faire l'impossible, notamment de veiller à ce qu'il ne soit pas déporté à Tataouine [1] ou ne disparaisse pas sans laisser de trace.

Né après mon départ pour l'université, ce benjamin de la fratrie je ne l'ai vu qu'en de rares occasions, toujours très brièvement. Mais je me souviens de sa bouille d'enfant à peine sevré, de sa tignasse crépue, de ses guibolles encore mal assurées, encore empêtrées de couches. Comment l'imaginer en barbe et kamis ?

Je reporte mon regard sur le téléphone décroché et répète ce que je m'étais dit après l'annonce de cette nouvelle : « Qu'avons-nous fait ?! » Puis songeant aux harcèlements du matin : « Cette voix qui aboie ? Dix-sept à vingt ans ? Moins de trente, sûr. L'insulte, *chienne*... Elle est de là-bas. C'est lié à la mort de Rachid. La coïncidence est criante. On nous a vus ensemble. Ces crétins doivent se dire qu'Allah s'étant chargé de le foudroyer, ils pourraient s'occuper, eux, de la copine qui se pavane sous leur nez. Ils ? Eux ? Des frérots ? Des plaisantins ? »

---

1. Tataouine : ville de bains en Tunisie. L'expression « à Tataouine » a la même signification que « au diable Vauvert ».

Hélas ! l'agressivité du ton laisse peu de crédit à la farce. Je finis par me décider à appeler d'abord l'un des voisins de l'immeuble. Je le sais chez lui. Il me rejoint. Je lui raconte.

— Je connais le général de l'armée de terre et des frontières. On va prendre son avis.

L'homme l'écoute, le fait patienter trois secondes, le temps de contacter la police, demande aussitôt après à me parler :

— Madame, baissez votre rideau de fer et n'ouvrez à personne. On vient vous chercher.

Il sait qui je suis. Il connaît la situation de mon cabinet et même l'existence de la grille métallique défendant la baie vitrée. En m'exécutant, j'ai la pénible sensation d'être rentrée contre mon gré dans un mauvais polar.

Flanquée du haut gradé de l'armée, je me retrouve en moins de deux dans le bureau du directeur général de la police lui-même assisté des plus gros pontes des Renseignements généraux. Une brigade est déjà allée fouiller mon jardin, inspecter les dehors de ma maison et ses environs. Me voilà au cœur du plan Vigipirate. Au milieu des questions cherchant quelque indice, je m'entends signifier :

— Madame, vous ne pourrez pas retourner vivre chez vous. Il nous faudrait trois fourgons de CRS pour y assurer votre protection. Vous devez avoir des amis qui pourraient vous héberger. Il serait préférable que ce ne soit pas des gens appartenant au monde de la culture. Nous vous ferons accompagner pour que vous puissiez prendre des affaires...

Je suis loin d'être au bout de ma stupéfaction. L'élite me confie à un commissaire chargé de transcrire les renseignements concernant les menaces, les méfaits antérieurs, et se retire pour tenir conseil. Lorsqu'ils reviennent, le directeur général de la police se tortille un moment sur sa chaise avant de souffler :

— Vos déplacements d'écrivain vous amènent souvent à fermer votre cabinet.

— Oui...

— Vous pourriez être partie de nouveau pour quelques jours... Je veux dire que cela paraîtrait tout à fait anodin, non ?

— Si... mais... êtes-vous en train de me demander de fermer mon cabinet ?

— Juste le temps de nous permettre de voir de quoi il retourne. Une présence policière dans votre lieu de travail les alerterait. Et nous ne pouvons pas vous laisser sans protection.

Je suis encore trop abasourdie pour réaliser l'énormité de la situation. Pourquoi une menace par téléphone bouleverserait-elle ma vie à ce point ? J'en ai vu d'autres. Je n'ai jamais cessé mon activité pour autant : la rapidité de leur réaction, l'importance du staff immédiatement réuni... Seulement l'effet du plan Vigipirate ? Ou bien ont-ils de réelles présomptions ? Plus que la virulence de la voix au téléphone, c'est la réaction de la police qui m'effraie sur le moment. L'homme reprend :

— Nous allons demander une commission rogatoire pour procéder à la mise sur écoute de vos lignes téléphoniques... Nous devons agir avec urgence, vigilance et discrétion si nous voulons parvenir à un résultat. Vous comprenez, vous êtes la première visée dans le Sud. Il y a eu quelques cas à Paris. Mais...

Le premier cas... Un résultat... Il continue, où dois-je me rendre prochainement en tant qu'écrivain ? Les dates ? Il est absolument indispensable de leur communiquer ma feuille de route. Tout est soudain indispensable, urgent. Où loger ? Chez Mathilde, bien sûr. Je lui en donne l'adresse. Il la communique à ses sbires. Un instant plus tard, le téléphone du manitou se remet à grésiller. Il acquiesce : oui, je peux loger là. « Petit immeuble bien situé, facile à surveiller. » Mathilde en occupe le second et dernier étage. Elle n'est pas encore prévenue.

187

Finalement je n'ai pas peur, non. Je m'avouerais même presque un peu fière d'être ainsi de si près concernée par le danger qui frappe le pays. Mais fermer mon cabinet me chiffonnerait. Je vivrais ça comme une capitulation. Je demande quelques heures de réflexion. Le temps d'aller rassembler mes effets, de m'installer chez mon amie. Des policiers m'accompagnent chez moi, inspectent l'intérieur de la maison tandis que je m'affaire à déménager. J'ignore pour quelle durée je quitte la maison. Les bourgeons des amandiers vont s'ouvrir. Je ne serai pas là pour savourer le spectacle de leur floraison.

Orgueil remisé, c'est en fait une aubaine de fermer mon cabinet une dizaine de jours. Je suis en train d'achever un roman, *Des rêves et des assassins*. Je vais pouvoir m'y atteler d'arrache-pied. Mon éditeur s'affole : « Il faut mettre la presse dans le coup. Plus ça sera divulgué, plus on aura la certitude que tu seras bien protégée. » Révulsée par l'idée, j'élève la voix, tranche : « Hors de question ! Je n'ai pas envie de subir tous les effets pervers d'une telle médiatisation. Et par-dessus tout, je ne voudrais pas avoir l'impression de lui devoir la vente d'un seul livre ! »

Après un silence, il murmure du ton de l'affection navrée : « J'aurais dû m'en douter... Tu es incorrigible. »

En installant mes effets dans la chambre atte-
nante à celle de Mathilde, je pense à cet autre coût
de l'écriture, à toutes ces implications insoupçonnées au moment où elle se produit, chevillant
la solitude à la voix intime.

Une réverbération me tire de cette réflexion.
Elle projette une résille de phosphorescence sur les
murs de la pièce puis disparaît.

Je regarde distraitement le double vitrage des
fenêtres, tends l'oreille. Je suis habituée à un tel
silence dans ma maison. Vais-je pouvoir m'endormir ici ?

Là-bas

C'est le début de l'été. Mon dernier au désert. Je suis déjà allée m'inscrire à la faculté de médecine de l'université d'Oran. J'ai pris l'avion. Le grand saut. J'ai logé quelques jours chez une tante. Mes parents ne m'autorisaient pas à y rester plus longtemps. J'ai vu la mer. J'en suis revenue apaisée. Pourtant je dors encore moins. J'ignore pourquoi. Parfois j'ai le cœur qui s'emballe. Alors l'horizon vacille un peu. Je me dis : c'est parce que je l'ai franchi.

À cause de ce départ, je veux me rendre au cimetière. Je n'y étais plus retournée après la crise dans laquelle m'avait plongée la disparition de ma grand-mère. Aujourd'hui, je dois prendre congé. Désormais l'espace est déverrouillé. Je vais enfin pouvoir connaître l'éloignement physique. Jusqu'alors, je ne savais rien des distances. Je ne savais que les abîmes – géographiques et affectifs –

qui me cernent, plombent la durée, mettent en tout leur dureté et crèvent la lumière.

À la fin du jour, lorsque la brûlure du soleil s'atténue, je longe la dune jusque-là, m'assieds à côté de la tombe de grand-mère. Déjà trois ans qu'elle est morte [1] en me laissant orpheline. Orpheline, oui. Terriblement seule à jamais. C'est un aveu accablant pour une adolescente. Mais quand on a couché son petit corps dans la tombe, quand les pelletées de sable ont commencé à recouvrir son linceul, c'est ce que j'ai ressenti. Au plus profond, au plus vrai de moi. C'est un sentiment monstrueux pour l'aînée d'une famille encore en vie, d'une fratrie de dix enfants.

Depuis cette mort et parce que je sais maintenant qu'aucun joug ne pourra m'empêcher d'aller à la faculté, je ne dis rien à personne. Je n'ai plus envie de heurter ni de faire souffrir mes parents. Je n'ai plus envie de voir ma mère tressaillir, se cabrer comme si le ciel allait se casser sur sa tête dès que j'ouvre la bouche. J'ai définitivement *quitté son rang* comme elle me l'a reproché ce soir de 1er novembre. Salaire après salaire, j'ai acheté ma liberté. Comme une esclave. Ma liberté et ma solitude. Les deux vont ensemble. Pour moi, elles ont

---

1. Cf. *Les hommes qui marchent*.

192

grandi ensemble dans cet exil magnifique, le savoir. Le savoir est pour moi le premier exil. Unique car irrévocable. Il m'a sortie d'une histoire figée dans la nuit des temps pour me précipiter seule, démunie, gueule ouverte sur le macadam de ce milieu du XXᵉ siècle pas encore mien. Souvent hostile. La notion d'exil ne pouvait se rattacher à un territoire pour mes aïeux nomades. Elle traduisait déjà l'exclusion volontaire ou supportée du groupe familial. En cela du moins je continue une perception. Une mémoire.

Avant une quelconque conscience des discriminations sociales c'est d'abord celles des parents qui ont provoqué ma révolte, nourri mon désarroi, entamé ma dissidence. Ce sont elles qui m'ont jetée sur la manne des livres, dans cette recherche éperdue de réponses – toutes improbables – à mes interrogations. La soif affective et la ségrégation, premières trahisons et premières offenses, ont levé mon tempérament. Plus tard les violences subies ce 1ᵉʳ novembre avaient illustré l'ampleur de mon isolement et de ma vulnérabilité. Quelque chose d'irréversible s'est joué là. Quelque chose s'était brisé en moi, à moi : la notion même du lien déjà si ténu à force d'être étiré, distordu, malmené.

En regard de cet exil-là, les franchissements des frontières, des mers représentent plutôt une déli-

193

vrance. L'épanouissement vient des possibilités que des ailleurs vierges de ce passé peuvent aider à reconstruire. J'y crois. Mon espérance a toujours vaincu la détresse. Je n'ai que ça à serrer dans mes poings.

Maintenant, je n'ai même plus de rancœur. Mais ma lucidité a installé le silence comme une autre distance. À jamais infranchissable.

Même avec mon oncle, que j'aimais beaucoup, mes relations se trouvent à présent réduites à presque rien. Il est père d'une famille nombreuse, vit dans la ville avec d'autres charges et responsabilités. Moi, je suis sous l'emprise d'un accès de mutisme, de lenteur. Comme détachée de moi-même, de cette part morte en moi il y a trois ans, un soir de novembre, dans les hurlements, les injures, les jets de pierres, sur la place de Béchar. La mort de grand-mère a parachevé cette déshérence.

Je me pose à côté de sa tombe. Je lève la tête vers la dune. Cette dune c'est un peu elle à présent. Elle aussi. Son verbe a tellement labouré ce relief. J'en garde la scansion dans l'oreille. Je plante mes mains dans le sable de sa tombe et je sais que je vais pouvoir me débrouiller dans l'univers qui m'attend. À Oran, je me suis déjà présen-

194

tée à l'inspection académique à la recherche d'un
autre travail parallèlement aux études. On m'a
assurée que j'en aurais, qu'on essaierait de me
trouver un emploi du temps qui me convienne. Il
y a un manque cruel d'enseignants.

Est-ce le défaut de sommeil – encore plus impitoyable ces derniers temps – qui me fait soudain
me remémorer ce dialogue avec grand-mère une
douzaine d'années auparavant ? Je regarde la dune
et j'entends grand-mère me demander ce jour-là :
« Pourquoi tu ne dors pas, toi ? » Interloquée
par sa question, je la fixe sans répondre. Je n'ai
jamais envisagé la chose sous cet angle. Moi, c'est
le sommeil des autres que je ne comprends pas.
C'est lui que j'accuse de conspiration : pourquoi
dorment-ils tous en même temps ? Ils sont là,
unis par le même lien mais absents à moi. Ils sont
là juste pour me signifier qu'ils sont ailleurs
ensemble. Sans moi. J'en éprouve une terreur
confuse : comment peuvent-ils dormir si longtemps ? Comment supportent-ils d'être ainsi
emboîtés les uns dans les autres ? Est-ce qu'ils vont
pouvoir se réveiller ?

Les yeux de grand-mère n'attendent pas la
réponse que je ne saurais trouver. Peut-être devine-
t-elle le chambardement que sa question inversée

produit en moi. Ses yeux glissent lentement, partent vers le lointain des mots. Elle reprend :

« Quel âge j'avais quand c'est arrivé ? Un peu plus jeune que toi. Pas de beaucoup. Je devais avoir quatre à cinq ans. Nous étions restés seuls ma mère, mon frère encore au sein et moi. Je ne sais plus quelle mission avait emporté les autres familles. Pas pour longtemps. Deux ou trois jours. Mon père s'était rendu au souk à quelques heures de marche du lieu de notre campement. Levé avant l'aube, il avait promis de rentrer pour le déjeuner. Habituellement, quand tout le clan était réuni, ils étaient toujours quatre ou cinq hommes à s'en aller aux provisions et n'en revenaient qu'à la fin du jour.

La vue de notre tente isolée là où le sable rouge du désert commence à ronger la steppe d'alfa me chagrinait. Le silence était écrasant. Le manque du chahut familier, l'absence des autres enfants, du reste de la tribu me déboussolaient. Jamais les immensités ne m'avaient paru aussi nues, aussi menaçantes. Soudain une odeur alléchante était venue m'envelopper. Assise dehors, devant un canoune, sur le côté de la tente, ma mère s'était mise à cuire des galettes.

J'inspirais profondément. Le ciel et la terre avaient tout à coup l'arôme et la saveur du pain chaud.

Ce devait être le début du printemps ou la fin de l'automne. Le soleil approchait du zénith sans mordre. Perchée sur un monticule, liée à elle par ce fumet, j'observais les gestes de ma mère, me délectais de leur promesse. " Zohra, viens ! " Je courus vers elle. " J'ai mal à la tête. Apporte-moi mon fichu. " Elle s'en est serré les tempes puis s'est allongée, là où elle était, près du canoune. Je n'y ai pas pris garde. Elle se plaignait souvent de migraine. Je regagnais mon perchoir lorsque j'ai perçu ses ronflements. C'était inhabituel. Je ne l'avais jamais entendue ronfler auparavant. Il y avait eu quelque chose de bizarre dans sa voix aussi. Ces alertes ont été vite balayées par une rancune inquiète. Comment pouvait-elle s'endormir à cette heure du jour, dans cette circonstance si particulière en me laissant seule ?

Tout à coup, les pleurs de mon petit frère m'ont tirée de ma rumination. Ma mère ne bronchait pas. Prise d'exaspération, de pitié pour le nourrisson, je me décidai à la secouer. Elle ne réagissait pas. Je la trouvais encore plus étrange que l'instant précédent mais j'étais incapable d'en discerner la raison. Comme les cris de mon frère redoublaient, je suis allée le cueillir à l'intérieur de la tente pour le déposer contre elle. Avec des vagissements furieux, il s'est mis à frotter son minois contre un sein tellement gorgé qu'il débordait un peu du décolleté. La frénésie de son minois a fini par en faire jaillir le mamelon. Il l'a gobé, cessant aussitôt de pleurer. Gavé, il s'est endormi, lui aussi, la bouche emplie du mamelon, sa petite main posée sur le galbe du sein.

Je me suis assise le dos contre le flanc de ma mère en guettant l'apparition de mon père et j'ai fini par fondre en larmes tellement je me sentais abandonnée. Soulagée d'apercevoir enfin sa silhouette à l'horizon, je me suis élancée vers lui : " Ma mère s'est endormie. Elle ne veut plus bouger ! – Comment ça, plus bouger ? " Il a pris ma main, hâté le pas tout en me harcelant de questions. À la fin, il courait et moi à sa suite. »

Les yeux de grand-mère reviennent à moi : « Tu l'as compris ? Ma mère était morte. Ce qui m'avait intriguée c'était qu'elle ne respirait plus. Je ne savais pas encore ce que signifiait ne plus respirer ni ce qu'était la mort. Mon frère dormait toujours contre sa poitrine. Les lèvres refermées sur son téton lui donnaient une mine goulue... Après ça, moi, j'ai dormi tout le temps même dans la journée. On a longtemps cru que j'avais attrapé la maladie du sommeil. Mon frère, lui, ne dormait plus. Il hurlait de jour comme de nuit et aucun autre sein ne parvenait à le rassasier... Je n'ai changé que lorsque j'ai eu l'aîné de mes enfants, ton oncle, à douze ans. Mon frère est resté insomniaque. Pendant des années je me suis raconté que les bébés ne pleurent que pour empêcher les mères de mourir mais qu'ils n'y parviennent pas toujours. Et je sursautais au premier cri des miens.

Mais toi, pourquoi tu ne dors pas? »

Je la fixe bouleversée et réponds machinalement : « Je ne sais pas dormir. – Tu ne dors pas parce que tu as soif. Et tu ne sais pas où ta soif va prendre fin. »

Je me lève, regarde le petit dôme de sable de la tombe :

– Dors bien. Je suis venue te dire que, moi, je vais enfin foutre le camp d'ici.

Ici

Cette scène, la mort de la grand-mère de mon
père, je l'ai écrite dans mon deuxième roman, *Le
siècle des sauterelles*. Je l'ai décrite comme si j'y
avais assisté. Mais dans le roman, j'ai transformé la
mort en assassinat. Après ce choc, l'orpheline ne
devient pas dormeuse mais muette. Jusqu'alors,
moi aussi je suis restée silencieuse sur l'effroi que la
beauté violente du récit avait suscitée en moi.
L'écriture l'a fait rejaillir, l'a tramé en meurtre,
transposant l'émotion de l'enfance en exigences de
fiction.

Pourquoi y penser ce matin? Juste en ouvrant
les yeux? La question m'effleure sans m'inciter le
moins du monde à en rechercher la cause. Je sais
les réminiscences du réveil tout aussi imprévisibles
ou désopilantes que les rêveries de l'insomnie. La
position couchée convoque les tracas, les senti-
ments que l'activité du jour avait brouillés. La vie

défile dans le refuge de la nuit. Tout est fouillé, pansé, repensé dans le corps fourbu de l'obscurité. Peut-être est-ce là l'une des raisons de mon insomnie : bluffer le tragique à coups de crâneries, lui manger la tête à force de défis, le bousculer avec des mots hors de portée, le basculer, lui défoncer la putasserie jusqu'à le laisser K.O. Puis l'ignorer pour un livre. Mais ne dormir que d'un œil et jamais longtemps des fois qu'il lui reprendrait la manie de me sauter encore à la gorge. Seules la nuit, son obscurité, ses déconnexions sont propices à cette fable de l'exploit. *L'insomnie, c'est l'héroïsme du lit*, dit Cioran. Pour moi, l'insomnie, c'est la transe des insoumis.

Je me tourne dans le lit, m'aperçois que je suis chez Mathilde, prête l'oreille à la rumeur de la ville. L'isolation de l'appartement lui met une sourdine, la métamorphose en présence réconfortante.

— Tu es réveillée ?

Mathilde est déjà habillée, bottée, prête à partir au boulot. Elle pénètre dans ma chambre, ouvre les volets. Le soleil inonde le lit.

— Le café est chaud. Je suis en retard. Je file. Travaille bien. À ce soir !

202

Je repousse les draps, me lève, grimpe l'escalier du duplex, débouche dans le salon. La cuisine est au fond. L'ensemble s'ouvre sur une grande terrasse. Au-delà, la lumière poudroie, irise les roses d'un chevauchement de tuiles, les toits du centre de Montpellier.

Posé à côté de la cafetière, je trouve un grand verre d'oranges pressées que Mathilde m'a préparé. Je me sers une tasse de café, sors sur la terrasse, inspecte la rue, les toits : « Où sont planqués les flics ? » Puis, la tasse dans une main, le verre d'orange dans l'autre, je me dirige vers mon ordinateur qui trône sur la table du salon, l'allume, m'empare de mon texte : *Des rêves et des assassins*. Aucune menace ne pourra me réduire au silence. Les intégristes de tout poil ne seront jamais que des morpions face à l'emprise des mots.

Le soir, au retour de Mathilde, je suis encore vissée à mon texte. J'en ai le corps tétanisé. J'ai l'impression que l'écran a fait effraction dans ma cage thoracique. C'est ça. J'écris avec ses fils directement branchés sur mes nerfs. J'écris avec les battements de mon sang. Quand je parviens enfin à m'arracher à cette plaie, j'en reste sonnée. Longtemps.

203

En ôtant son manteau, Mathilde m'observe par-dessous ses sourcils avec cet air mi-frondeur, mi-grondeur que je lui connais :

— Est-ce que tu t'es arrêtée pour manger, Nine ?

Ce terme affectueux, Nine, illumine toujours ma tête. C'est un mot catalan. Mathilde est de mère catalane, de père breton. Un mélange détonant. À mon signe de dénégation, elle décrète :

— À partir de demain, je rentrerai déjeuner avec toi. Aujourd'hui, j'avais une réunion entre midi et deux. Une pause te fera le plus grand bien. Enfin, je me comprends... Je sais que c'est l'écriture ton plus grand bien.

Mathilde est la première à rire de son expression : *Enfin, je me comprends* sans parvenir à s'en départir. Elle se contente d'un éclat de rire à chaque reprise. Avec cet entêtement qui caractérise son tempérament, Mathilde a sans doute fini par se persuader de sa performance. C'est peut-être ce qui explique pourquoi elle possède cette sollicitude à l'égard des égarés, cette attention aux différences, aux singularités.

J'ai renvoyé le téléphone du cabinet sur la ligne de Mathilde, branché un répondeur annonçant, en

arabe et en français, mon absence pour une dizaine
de jours, verrouillé le silence sur tout ce micmac.
Hier, j'avais mis un écriteau sur la porte de la salle
d'attente. La majorité des patients viennent sans
téléphoner. Ceux qui ne savent pas lire, les plus
nombreux, s'adressent aux commerçants voisins.
« Ah ! Elle est partie faire l'écrivain. Alors elle
reviendra demain. » Faire l'écrivain comme on fait
une fièvre ? Et en revenir comme on sort du lit
guéri d'une maladie ? Cette perception m'avait fait
sourire. Car l'écriture est à l'opposé du faire
comme la médecine. Toutes deux relèvent plutôt
de l'ordre du vital, de la nécessité, dévorant de
façon impérieuse la vie entière d'avance assujettie.

Sauf grave ennui, mes patients attendent toujours mon retour. Ils s'y sont habitués. Longtemps
auparavant, j'avais en vain cherché un remplaçant
parlant l'arabe. Une remplaçante aurait été encore
mieux indiquée. *Niet !* Un sondage auprès de mes
patients m'avait convaincue d'arrêter la prospec-
tion : « La maladie, c'est pas obligé de courir le
médicament tout de suite. Un peu de *rajla*[1], des
fois, ça suffit à la faire reculer (ils prononcent
" roucouler "). Et puis (ils disent " et pi ") le mal

---

1. *Rajla* : virilité. Ici employé plutôt dans le sens de résistance,
endurance.

de toujours, lui, c'est pas pressé, puisque c'est pour la vie. Alors c'est pas besoin de quelqu'un qu'on connaît pas à ta place quand tu t'en vas. On attend puis c'est tout ! » « Pi ci tout ! » J'y entends *pissez tout*, souris mais me le tiens pour dit. Je suis irremplaçable. Mon compagnon, lui aussi, l'avait décrété. Pourtant !

Mon téléphone privé est sur liste rouge avec un répondeur au bout. Me sachant sur écoute, je n'ai appelé personne. Aucune envie de me raconter à des brigadiers anonymes aux aguets dans leur cagibi.

— Tu ne devais pas faire changer tes persiennes ? s'inquiète Mathilde au cours du dîner.

— Si. Mais neuves ou démantelées par les intempéries, kif-kif makach. Trop fragiles. Du reste, je ne me résoudrai jamais à les fermer. Me réveiller dans une maison sombre m'insupporte... Puisque risque il y a, je ferais mieux d'opter pour des grilles.

— Excellente idée, Nine, il y a longtemps que je voulais te le suggérer ! Ça va te coûter bonbon, mais au moins, tu seras tranquille une fois pour toutes ! Et sur tous les plans.

— Tu crois?

— Ououais! Enfin, je me...

Duo de fous rires.

— Sauf que je ne voudrais pas que ma maison ait l'air d'une prison avec des barreaux à toutes les ouvertures.

— Prends le temps d'étudier ça. Mais profite de cette absence pour t'éviter encore un chantier à ton retour chez toi.

Allongée, je pense à tous les travaux effectués dans ma maison en un an. Mes coups de hache dans les planches du lit ont inauguré des salves de massues, marteaux, scies et autres outils de divers corps de métiers cassant la cuisine, la buanderie, les toilettes... Détruire la mémoire sournoise des objets. Écrabouiller les lieux de souvenirs devenus douloureux. Broyer pour reconstruire à goût unique. Ruiner pour rétablir. Croire en la volonté de réparer en soi, pour soi, l'amour brisé, symbole de tant d'autres ruptures et du désastre d'un pays. Égayer pour amadouer une solitude meurtrie par le sentiment d'impuissance. Refaire une gueule à l'illusion, la sauver du masque de la grimace.

Une idée me tire de dessous la couette. Je m'empare d'une feuille, d'un crayon, regagne le lit, me mets à dessiner. De longues croix du Sud enchaînent leurs arabesques. J'écarte mon dessin pour juger de l'effet, exulte : « Mes grilles seront magnifiques comme ça. Il faudra les peindre en vert palmier ! »

Oran

De toutes mes nuits à la cité universitaire d'Oran, ce sont celles des premières vacances d'hiver les plus marquantes. – On dit encore vacances de Noël. – Tous les étudiants ont regagné leur foyer. Il n'en reste qu'une petite poignée disséminée entre six pavillons. J'en fais partie. Seuls un pas traversant la cour, parfois une toux, un éternuement, me signalent ces quelques autres présences ici le soir ou tôt le matin. Dans la journée, la cité est déserte. Un décor d'opérette pour nantis partis en goguette. J'en déduis que les premiers – réduits, très réduits – continuent à travailler pour gagner la croûte de leur famille pendant que les seconds s'en sont allés y festoyer, s'y renflouer les manettes.

Ces pas isolés aux heures indues m'émeuvent et me tourmentent. Je les écoute, suis leur cheminement à travers mes persiennes, essaie de deviner les silhouettes de ces frères du grand écart entre désir de se réaliser et entraves de responsabilités non choisies. J'aurais aimé avoir le courage, la volonté d'ouvrir mes volets, de les héler, de crier : *moi aussi!* De me jeter dans leurs bras pour nous consoler. Je reste tapie derrière mes persiennes. J'ai un peu peur dans cette cité soudain vidée de sa joie exubérante, insouciante. Plantée au milieu des marécages, à mille lieues de la ville, avec ses chambres vides, ses volets clos comme au sommeil les paupières, ses lits désertés par les amoureux, elle semble, en ces journées raccourcies de décembre, s'être enlisée dans ses marais pour hiberner. J'ausculte son silence le cœur serré. Je crois que j'ai surtout peur de mon mutisme à moi. Peur de la honte qui me broie. C'est sans doute de lassitude et d'angoisse accumulées. Aussi.

Cloîtrée dans ma chambre, je bûche comme une dingue pour rattraper mon retard avec l'horrible impression que je viens toujours de trop loin de la misère, du désarroi, de la solitude, pour n'être jamais à l'heure de quelque départ, de quelque normalité que ce soit. Quand, saturée, je repousse enfin mes cours, je me lève et tourne en rond dans ma piaule, dans mon sentiment de culpabilité. J'aurais envie de me cogner la tête contre les murs – je le fais parfois –, de hurler les pourquoi dont j'ai enfoui au plus profond de moi les comment. Très tard dans la nuit, lorsque je finis par me poser sur mon lit, je rumine pour la nième fois : sauf à me faire planter à mes examens, je n'ai pas d'autre choix. Je suis étudiante en médecine. Pas chef de famille ribambelle. Ça, je ne peux pas. Je ne veux pas. Ça c'est comme dormir convenablement, je ne saurai jamais. Le convenable ne me convient pas.

Le désert et le traumatisme de l'internat de Béchar m'ont rendue inapte à envisager de nouveau la vie carcérale de pionne. Je ne pourrai plus endurer, non, les heures laminées par les humiliations, harcelées par les aboiements, les injures, le mépris, le joug.

Je viens de faire une autre expérience dans l'enseignement. De la mi-octobre à cette fin décembre, j'ai été prof de maths dans un collège en remplacement d'un congé maladie. Superbe métier. Mais ce n'est pas celui-là que j'ai choisi. Deux mois entre stress, jubilation et frustration, à préparer les leçons, courir après plusieurs bus, charger des copines de me prendre les cours au carbone, devancer les fêtes, brûler les censures par tous les bouts au risque de choquer ou d'exciter des jalousies pour ne pas me sentir exclue ni me prendre en pitié. C'est un point d'orgueil. L'orgueil est à l'opposé de la vanité. Je ne puis endurer une once de pitié. La mienne ne saurait y faire exception.

La presque totalité des étudiantes sont issues des classes moyennes ou de la très grande bourgeoisie. C'est de ces franges-là que viennent, sans trop de heurts et parfois même en douceur, les mutations sociales. Avare des siens, le prolétariat les garde en son sein. Rares sont ceux qui parviennent à s'en affranchir, qui s'acharnent à s'en écorcher. Des frottés à toutes les griffes, aux pires griefs. Comme ma pomme.

Les mois passés m'ont laminée. Je dois me rassembler, me requinquer, tirer toute chose au clair, bûcher. Le travail est ma seule solidité. Et je n'ai d'autres expédients que les études pour asseoir mes manques à un socle, soulager un peu l'*intranquillité*. En réalité mon bonheur serait de me consacrer pleinement à mes études, de profiter davantage des libertés tant attendues de la vie à l'université et de tomber follement amoureuse. J'y suis peut-être arrivée et voilà que je m'en défends comme d'une malfaisante obsession. C'est aussi pour cette raison que j'ai décidé de m'enfermer. Cette cité devenue fantôme m'est finalement le lieu idéal pour démêler mes aspirations de mes incapacités. Elle illustre si bien l'isolement assiégé qui toujours m'accule à moi-même.

À des heures encore plus décalées que les rares manifestations de mes compagnons inconnus de solitude et de labeur, j'en suis encore à remâcher : pourquoi me crèverais-je pour une flopée de frères courtisés comme des roitelets qui se fichent de tout, surtout des études et encore plus de moi ? À leur âge, je gagnais déjà mon écot et le leur. Ils n'ont qu'à en faire autant. Je ne vais pas me sacrifier pour eux.

Mais quelle chienlit, la conscience ! Quand vais-je enfin pouvoir me débarrasser de son embrouillamini ! Une vraie sangsue ! J'ai beau me gendarmer, frimer sans témoin, j'en garde une boule dans la gorge. J'en cauchemarde éveillée.

Au petit matin, lorsque la rébellion et la mélancolie ont épuisé toutes leurs ressources, je parviens enfin à une vision plus pragmatique de mes acquisitions, à fourbir des arguments, des projets pour moi. Moi seule : même si de vacances elles n'ont que le nom, celles-ci n'en sont pas moins les premières hors du bagne du désert. Loin de son inquisition. Huit cents kilomètres m'en séparent maintenant.

Je ne ferai pas le prof à plein temps. Non ! Je ne prendrai que quelques remplacements dans l'année, juste de quoi compléter le maigre subside de ma bourse. Je m'y tiendrai mordicus. Je ne vais pas me laisser avoir par toutes sortes de chantages. Il y va de mon avenir. Mais avant les mirages du futur, je vais d'abord renaître à Ma vie.

Je commence à découvrir l'amitié, à prendre conscience de mes intransigeances aussi. Je suis une enquiquineuse d'idéaliste. Née avec rien, niée, je veux tout. D'abord de moi-même. Je me suis enfoncé dans le crâne que rien ne se donnait pas même l'affection. Elle s'arrache, se mérite, elle aussi. Elle surtout. Quand des séquelles fondent le caractère...

Les béguins se bousculent. Si je leur refuse mon lit ce n'est pas seulement pour m'épargner leurs ronflements. Des leurs, je me carapate toujours sur la pointe des pieds au milieu de leur sommeil. Le corps le plus émouvant, les étreintes les plus passionnées ne changent pas mon inaptitude à supporter le sommeil d'un autre contre mes veilles. Du reste fouler l'interdit à ce point aurait des effets plutôt opposés à ceux des somnifères. Faudra-t-il attendre le grand amour pour amadouer enfin ma défiance?

En réalité jusqu'à présent aucun garçon ne m'a vraiment rempli les yeux. Ils répondent à ma frin-

214

gale de caresses. Ils l'attisent sans la combler. J'y goûte cependant un peu de légèreté. Mais depuis quelque temps il en est un! Un qui ne me conviendrait pas. Forcément. Il arpente les limites de mon champ de vision comme un chat farouche. Je le suppose bridé par des cargaisons de principes, d'idées rétrogrades. Je me farcis la tête de mises en garde, essaye de me prémunir. Rien n'y fait. C'est pour celui-là que je craque. C'est un désir violent, envoûtant. Je me dis : « C'est peut-être ça l'amour. Ce tremblement inconnu. Cette... » Puis m'ébroue : « Arrête, arrête les niaiseries, c'est pas pour toi! » J'ai beau essayer de me moquer de la chimie des émotions, ça ne prend pas. La douce euphorie des toquades chamboule mes repères.

Il est long, efflanqué. Il a une tignasse en boule, tout en boucles couleur blé rouillé, de grands yeux fauves, ardents. Il se dit qu'il est le fils de sa mère – une mère de Nédroma, l'un des bastions de la tradition –, qu'il finira marié par elle comme la plupart des copains. Il faut dire qu'en cette fin des années 60 début 70, beaucoup de nos potes n'adoptent le verbe révolutionnaire – juste le verbe – que pour nous séduire. Pour tous les actes qui engagent leur vie, ils regagnent le bercail conservateur... À l'impossible eux ne sont pas contraints.

215

Qu'importe, j'observe celui-là et je rêve : « Où est le problème puisque les épousailles n'entrent pas dans ton plan ? Ses rigidités ? Des défenses ! » Je me noie dans l'or de ses yeux dès que je l'aperçois. Je me perds déjà contre son corps, imagine un monde de flamboyants avant sommeil dont j'aimerais escalader les sommets. Mais des cimes on ne peut que dégringoler. Je le sais. J'ai déjà toutes les plaies de la lucidité. Ses caparaçons aussi. Je devrais donc être en mesure de veiller à ne pas trop mal me recevoir en bas... Je me damnerais pour le tenter. Je me dis ça et je suis toujours ailleurs. Mais avec ce poignant du non-assouvi.

Il est long le chemin pour désarmer et apprendre enfin à aimer.

Déboussolée entre ce désir attelé à me façonner les sens, la peau et mes nerfs crochetés sur leurs appréhensions, je m'esquive avec une bravade qui résonne comme une convocation : « Pas de lit, pas de sommeil, non. Avec celui-là, je veux l'ivresse debout. »

Ici

Au cours du dîner, Mathilde et moi avons évoqué le plus jeune de mes frères emprisonné là-bas. Bien sûr l'opposition s'établit tout de suite : au même moment ici les menaces, la protection policière pour moi, l'aînée. C'est une circonstance terriblement banale. Les fractures au sein des familles portent depuis si longtemps les germes de la désintégration du pays.

Je me mets au lit avec ce bourdon dans la tête. J'imagine bien la douleur, l'inquiétude des parents à propos de ce fils jeté derrière les barreaux. Peut-être dans un cachot. Pour moi, ils ne savent pas. De moi, ils ne savent rien. Ils connaissent encore mes traits. Ils me voient parfois à la télévision. Je suis depuis si longtemps dans l'irréparable avec la perception, la conception de ce mot famille. Un mot de l'impossible. L'impossible oui plutôt que l'absence. L'absence pourrait suggérer son propre remède : le retour, le rendez-vous, la retrouvaille. Mais comment pourvoir en antidote l'inexistant, l'impraticable ?

Je sais que je ne suis pas seule dans ce cas. Parfois, je me demande combien nous sommes de filles nées dans la revendication – et la pauvreté. La pauvreté surtout. C'est elle qui expose, explose. Les filles de la bourgeoisie sont beaucoup moins forcées à ce grand saut dans le vide – à mettre des contrées, des pays, des mers, des décennies de silence, des siècles d'histoire entre elles et leurs parents.

Quel est le nombre de ces amputées de la liberté ? Est-il supérieur ou équivalent à celui – hélas élevé – de celles qui se sont suicidées par incapacité de choix face à un dilemme cornélien : le creuset familial. Sa sécurité. Son réconfort. Consubstantiels de ses sacrifices. Ou la rupture et l'envol. Leurs griseries. Leurs écueils. Les succès fêtés en orpheline. Les douleurs digérées sans larmes. Car pleurer appelle la consolation. Car l'on garde en mémoire – dans sa chair – le théâtre des chagrins dans le giron féminin. Dans la reconnaissance, la bienveillance des aînées. Dans le partage des gémissements, des effusions. Avant les rires, la connivence, l'apaisement général.

Ce retour au renoncement qui les efface jusque dans la peine.

Je pense souvent à ça. Qu'est-ce que ce serait bon cette exubérance de l'affection, de la compassion sans ses couperets et ses chaînes! J'ai beau m'en être toujours exclue, n'en méconnaître ni le burlesque ni le danger, rester lucide quant à sa vérité : une geôle calfeutrée de poitrines accueillantes, l'absence de chaleur, de communion n'en demeurera pas moins béante. Paradoxalement ce n'est pas un regret, non. Juste un accès de loucherie des pensées. Le strabisme divergent des souvenirs. Je me cabre aussitôt. Lui tords le cou. Brutalise mes textes. Y brandis mes lézardes comme des trophées de guerre. Prétends que ce sont elles qui font culminer la joie et le plaisir. Que le relief de toute conquête leur est dû.

Les violences de l'intolérance auraient pu me mener à un individualisme forcené. Mais j'ai trop morflé pour céder au cynisme ou à l'indifférence. Le choix de la médecine, ce corps à corps avec le mal d'autrui, n'est pas un hasard. Et puis c'est une langue étrangère, traversière, qui m'a cueillie dès l'enfance pour me frotter à l'altérité. C'est la langue de l'Autre qui est devenue l'intime. C'est elle qui a pallié les carences de la langue de

219

l'enfance. C'est elle qui a continué à me nourrir, à me guider, à m'éclairer quand la mère a tu même ses condamnations. Quand la grand-mère a disparu. C'est elle qui maintenant palpite de mes écrits. De refuge en repaire, les livres des autres ont habité ma solitude. Ils ont habilité mes luttes. Ils ont mis du rêve dans les habits de la misère. Ils ont transformé ma véhémence en ténacité. En résistance. Ils m'ont inscrite à part, entière, dans le chemin de l'écriture. À présent la mienne porte ma dérive de mémoire au plus loin des crispations. L'écriture s'impose en ultime liberté de l'*infamille*. Elle est ma partition d'expatriée, ma fugue de tout enfermement. Mais pour poursuivre l'inachevé, elle n'en tisse pas moins un rapport puissant avec tous les partisans, les artisans du livre. Quelque chose qui tient des amarres du marin.

J'ai attendu quatorze ans avant d'annoncer à mon père que je vis avec un Français. J'ai attendu que mes plus jeunes sœurs soient parties de la maison. Mes incartades antérieures tenant déjà de l'exemple de péril, pour rien au monde je n'aurais compromis leurs études. Elles ont fini par abandonner d'elles-mêmes au beau milieu du parcours secondaire.

En 1989, lorsque la dernière des filles s'est mariée, j'ai enfin téléphoné à mon oncle à Béchar. Il s'est dit réjoui d'apprendre que je ne suis pas seule. Oui, il serait heureux de me recevoir, de connaître mon compagnon. Il se rendra dès jeudi à mon village natal, Kénadsa, pour en aviser mon père. Il m'appellera à son retour vendredi soir. Trois semaines passent sans qu'il se manifeste. Certes, ce silence est une réponse en soi. Mais je veux tout savoir. Tout jusqu'à la férocité du détail. Alors c'est moi qui téléphone pour la seconde fois :

— Ton père te donne sa bénédiction. Mais il veut te voir seule.

— Et toi ?

— Moi, j'ai sa malédiction si je recevais le Français.

— Je ne viendrais que si vous m'acceptiez comme je suis, avec qui je vis.

— Ce n'est pas possible... Je ne peux pas désavouer mon frère.

— Très bien. Au revoir.

Au revoir ? Le téléphone s'est raccroché sur dix années supplémentaires de non-communication. Je m'en suis détournée avec un sourire forcé. La bénédiction de mon père n'est que la métaphore impuissante de l'esclandre. Je ne m'y trompe pas. Je viens de parachever là ce qu'avait entamé mon départ du pays. Mais qu'avais-je donc espéré?

Je n'en ai pas souffert sur l'instant, non. J'en ai même ri. La nostalgie a une limite irréductible : la réalité. Et ma réalité, c'est que l'éloignement me laisse au moins l'illusion d'avoir eu des parents. Parfois. Avant les impossibles de ma liberté. Jamais le vide n'est aussi implacable que lors des côte-à-côte sans un mot personnel. Quand tout ce qu'on peut dire de soi fait scandale, on est à jamais loin de tous. La présence physique ne sert plus qu'à pointer, réactiver toutes les carences, les défaillances. Elle abat les derniers subterfuges et alibis. Elle abrase toutes les failles.

Je sais ça. Je l'ai appris là-bas. J'en ai refait l'expérience ici. Car durant ces quatorze années, ma mère est venue à trois reprises en France. Seulement elle. Personne d'autre. « À peine une semaine et encore, juste pour le trousseau » – à mes frais évidemment – des autres filles qui se mariaient sous sa férule dans leur désert. Et ni le nombre de courses entre Marseille et Montpellier, ni les scintillements de tissus achetés Cours Belsunce, ni même l'argent – depuis que je travaille

222

en tant que médecin, je leur en envoie de temps en temps – ne lui ont arraché la moindre question. Elle ne s'est même pas inquiétée de savoir pourquoi son aînée n'avait pas d'enfant! Qu'une femme puisse refuser d'enfanter est de l'ordre de l'inimaginable, de l'inconcevable pour elle. Du reste de son point de vue – pas seulement du sien –, n'avoir pas d'enfant représente la plus terrible catastrophe quelle qu'en soit la cause. Pourtant elle est restée muette sur ça aussi. Elle s'est contentée d'engranger des paillettes, des étoffes rutilantes pour ses filles en me regardant, en me scrutant de l'œil acéré d'une... D'une quoi au juste? Même aux étrangères la première question des femmes de là-bas est : « Combien tu as d'enfants? » Combien tu as d'enfants? Formule magique qui rompt toutes les réserves, déride les mines les plus renfrognées. Immédiatement suivie par : « Qu'Allah te les garde! » La tchatche peut alors commencer : « D'où viens-tu? Qui sont tes gens? »

Je n'ignore pas que mon anticonformisme ait pu rudoyer ma mère. Mais des brutalités, moi, j'en ai subi plus que mon dû. Cela m'a au moins appris à ne plus culpabiliser... L'éloignement ne remonte pas seulement à mon départ d'Algérie. Il vient de si loin. J'étais déjà l'enjeu de la rivalité entre elle et grand-mère. J'étais déjà dans la déviance du seul fait de mon admiration pour l'aïeule. J'ai mis les corps des textes entre elle et moi dès que j'ai appris à lire. Aux colères de l'enfance et du début de l'adolescence a succédé ce mutisme. Les cris du déchirement en train de se produire. Puis l'écartement de plus en plus grand. Quand elle m'observe, j'ai l'impression qu'elle voit une Martienne tant dans ses yeux la panique verrouille l'incompréhension.

En réalité j'ai totalement enfoui un drame qui remonte à la prime enfance. C'est l'oubli originel, l'effacement fondateur. Il est ma *résilience* dirait Boris Cyrulnik. Il est à l'origine de tout. De ma relation à la mère. De mon insomnie. Des passions qui vont me constituer. De mon absence de désir d'enfanter. Même de la profession que j'ai choisie, la médecine. Ma survie ou du moins mon intégrité mentale ont sans doute été à ce prix. Il me faudra plusieurs livres dont un sur l'amnésie, *N'zid*, pour parvenir à le déterrer. Des années d'écriture comme une longue fouille d'archéologue. Les thèmes récurrents sur des mères folles ou mortes. Il me faudra attendre l'écriture de ce livre-là, ce voyage de l'écriture jusqu'au bout de l'insomnie pour enfin le découvrir. Mais ça, c'est un autre livre !

Après le dernier trousseau, en ramenant la mère vers l'aéroport, j'ai suggéré :

— Maintenant je ne peux plus porter préjudice à personne. Alors je veux que mon père sache. Je veux que tu lui dises.

— Je ne peux pas. Il me répudierait ! Il m'en voudrait à vie d'être venue chez toi ! Il en mourrait...

Sanglot. Je l'ai mise dans l'avion. J'ai attendu quelques jours avant de téléphoner à mon oncle.

La nouvelle que je vis avec un Français n'a, finalement, tué personne. Mes parents ne s'en sont pas séparés pour autant. Je ne saurai rien de leurs engueulades ni de leurs animosités. C'est ma vie à moi qui s'en est trouvée encore une fois congédiée : « Qu'ils aillent tous au diable ! Jamais je ne les reverrai. » Et de laisser libre cours à ce rire caustique dont je suis capable parfois. Comme une vrille dans ma propre cruauté. La véhémence n'est-elle pas l'arme maladroite du désarroi ?

Depuis lors, j'ai cessé de leur faire parvenir de l'argent. Casser encore une fois ce seul lien crasseux, c'est une façon d'assumer complètement cette condition de sans-famille. M'arracher au mirage d'un moment. M'abandonner de nouveau au creuset de l'écriture sans attache.

Trois ans plus tard, en 1992, la presse algérienne consacre mon deuxième livre : *Le siècle des sauterelles*. En France cette parution n'en est pas vraiment une car mon éditeur est en dépôt de bilan. Je n'aurai pas un centime ni des droits du premier, *Les hommes qui marchent*, ni de l'à-valoir sur celui-ci. Qu'importe, la souffrance partagée est si grande. Aussi les échos de la presse algérienne, à laquelle je me suis évertuée à faire parvenir des exemplaires, sont-ils d'un immense réconfort. Car celle d'ici comme la plupart des éditeurs qualifiés de prestigieux se foutent des écrits des Algériens. Ceux des Algériennes davantage encore. Du reste ici, il faudra attendre la déflagration de l'intégrisme, le sensationnel en somme. Ce serait trop facile de faire aussi endosser à l'histoire les méconnaissances et le mépris français aussi.

Plus qu'ailleurs, la célébrité est en Algérie synonyme de flouze. *Boucoup, boucoup !* Aussi ne suis-je pas étonnée des coups de fil d'un frère et d'une sœur après l'impact médiatique en Algérie. Ils n'avaient jamais appelé auparavant. L'un me

demande de lui acheter une voiture parce que
« c'est devenu une nécessité vitale ». L'autre voudrait que je subvienne à l'ouverture d'un
commerce à Oran : « Tout le monde veut faire de
l'import-export. C'est ça l'avenir. Et puis on risque
de se séparer mon mari et moi. » Ben voyons,
même la désaffection ne décharge pas de la responsabilité. Pendant ce temps, moi, je ne dis pas que
je rame financièrement car l'écriture comme la
médecine en cabinet dévore mon temps sans rien
rapporter d'autre qu'un peu de satisfaction et
d'estime. À cent cinq francs la consultation qui se
prolonge indéfiniment en travail social de tous
ordres, je gagne certes davantage que du fric. Mais
je ne peux plus en vivre.

Et maintenant c'est de là que me viennent les
menaces de mort.

Dans la chambre voisine Mathilde a dû s'endormir. Je n'entends plus aucun bruit. Allongée dans
mon lit, je lis la presse. Un journal algérien relate
une tentative d'assassinat à Béchar. « Même là-bas,
ce trou du cul du monde ! » Mais ce soir la longue
remémoration des ruptures successives avec ma
famille tient lieu d'autant de gages contre l'appré-

hension. Je compte les années, pèse les silences, invoque même l'indicible pour me rassurer. Tout ça devrait contribuer à protéger mes parents de mes écrits, de mes prises de position. Je me laisse même aller jusqu'à miser sur le fait que les intégristes – qui ont enrôlé le plus jeune frère – en constituent certainement la meilleure garde...

Après moult tergiversations les flics se trouvent contraints d'admettre ma décision de rouvrir mon cabinet. Faute de parvenir à m'en dissuader, ils ont d'abord essayé de m'imposer la présence de policiers dans ma salle d'attente : « C'est un non-sens puisque vous ne voulez pas que ça se sache. Si vous faites ça, vous pouvez être sûrs que dans l'heure qui suit tout le quartier sera au courant. Et moi je ne verrai aucun de mes patients. » C'est à peine une exagération. À bout d'arguments de part et d'autre, nous finissons par convenir d'une surveillance extérieure discrète. Soit. Mais du retour dans ma maison, ils ne veulent pas en entendre parler.

Je pose les journaux au pied du lit, pense à ma maison. Un ferronnier est en train de lui forger des croix du Sud en grilles. Il ira les poser sitôt finies. Je lui ai laissé un jeu de clefs. Les flics le savent. Ils savent tout. Lors de l'une de mes rares sorties, je me suis acheté trois tapis iraniens. C'est bien moi cette folie. J'ai toujours agi comme ça. Dans les moments critiques, je me couvre de cadeaux. Mathilde et moi en avons piqué une crise de fou rire. Ensuite, nous sommes allées au cinéma et dîner dehors.

J'ai beaucoup travaillé à mon livre, *Des rêves et des assassins*. Il est presque achevé.

Je m'étire dans le lit, tends l'oreille vers la chambre d'à côté, réalise que sans cette circonstance si particulière je n'aurais jamais vécu ici avec Mathilde. Et même si l'envie de regagner ma maison, juste à quatre ou cinq kilomètres, me démange parfois, je n'en savoure pas moins avec délices mon séjour chez mon amie. Elle a été tellement présente lors de toutes ces difficultés... L'une et l'autre de caractère plutôt emporté, entier, avons constaté que maintenant chacune observe les débordements, les excès de l'autre avec un sourire attendri, parfois même extasié : « Zut ! Un jour j'arriverai bien à te balancer encore un bouquin dans la gueule, non ? » Rien de moins sûr, je le sais. J'ai connu Mathilde le premier jour où j'ai mis les pieds dans le service de néphrologie à Montpellier. Mathilde était déjà l'un des piliers de la transplantation rénale depuis quelques années. J'ai d'emblée aimé son franc-parler, son verbe fort, son irrévérence vis-à-vis des conventions hospitalières – si invivables en réalité –, son abnégation qui ne s'embarrassait d'aucun plan de carrière. Lassée des convoitises, des guerres de clans et de la veulerie, un jour elle a préféré passer un concours pour être médecin contrôleur de la Sécurité sociale plutôt que de revendiquer une plus grande reconnaissance de son travail et de ses qualités. Elle est passée parmi ceux qui scrutent, décortiquent, jugent les actes des confrères au lieu de soigner. C'est une femme capable de toutes les bizarreries.

Je m'empare du verre d'eau posé à proximité, l'avale : « Mathilde est la sœur que tu t'es choisie. » C'est ça, oui, La Sœur ! Un bond de chat m'éjecte du lit. Je grimpe l'escalier sans bruit, vais remplir mon verre d'eau avant de rebrousser chemin sur la pointe des pieds. Le sommeil de l'autre dans la pièce d'à côté, c'est si bon dans tout ce vide. Tout ce tremblement. L'à-côté acquiert ici un sens, une portée qui donnent du large à la respiration et une voix forte à l'affection.

Oran

Je me débrouille toujours pour habiter seule à la cité universitaire d'Oran. Les chambres étant aménagées pour deux, il faut payer l'autre part pour s'arroger ce privilège inouï. Sauf que la totalité de la bourse y passe si l'on y ajoute le prix des tickets-restaurant. Mais la bouffe y est si infâme qu'il ne me coûte pas de sauter des repas. En réalité, l'anorexie ne m'a pas totalement lâchée. Du reste mes cours de dissections anatomiques me mettent l'estomac au travers de la gueule. La seule vue des viandes grisâtres sur les plateaux des copains suffit à me remplir les narines d'odeur de formol. Ce jus âcre dans lequel macèrent les macchabées du laboratoire.

Il y a tous les cas de figure parmi les autres filles. Les unes logent avec un amoureux. D'autres avec une amie d'études ou de bringue. Avec une sœur. Les possibilités de conflits, de jalousies, de pas-

sions, d'assistances ne manquent pas. Nous cons-
tituons un microcosme en ébullition. Avec ses
luttes intestines et ses grandes bordées. Nous
nous croyons les héros de l'Algérie du jour. Nous
n'avons pas la patience d'attendre celle du lendemain. C'est que nous avons tellement la trouille de
devoir déchanter. Tant de spectres guettent à nos
portes.

Les cités universitaires d'Alger et de Constantine
sont déjà sous le joug islamiste. La mixité y a été
interdite. À Oran, nous tenons par la force
depuis trois ans. Nous ne laissons aucun choix
ni à l'administration ni au gouvernement. Un
mois avant chaque rentrée, nous sommes là en
commandos déterminés à occuper les locaux. Les
fonctionnaires s'écartent illico devant nos rangs.
L'armée n'intervient pas. Un précédent lui colle
encore à la réputation... Un comité entraîné
s'occupe alors de l'attribution des chambres, de
la literie, de la collecte de l'argent. Dans la
cohue, les rires, les rodomontades, nous négocions
les chambres pour disposer d'une aile d'étage entre
amis. Une stratégie indispensable au déroulement
de l'année. Nous avons besoin d'être ensemble.
Pour les festins faits d'un peu de vin et de trois fois
rien. Les discussions houleuses qui, faute de nous

refaire l'histoire, nous ramènent au matin radieux. Ensemble pour parer aux rixes qui peuvent nous opposer aux loubards comme aux intégristes.

Les tensions, les appréhensions des premiers moments passées, une grande liesse célèbre cette victoire. Nous savourons avec exaltation ces instants dans un pays en danger d'asphyxie. C'est dire si ce mois d'*occupation* avant la reprise des cours est une fête. Une fête du lit et du lieu. Une fête du lit, primat de la liberté : disposer de nos corps sans interdit. Briser les tabous qui nous guettent au sortir de la cité.

Nombre oblige, il y a déjà une autre cité réservée aux seuls garçons qui abordent l'université. Ceux-là nous appellent *les anciens*. Si quelques-uns d'entre eux lorgnent avec convoitise notre mixité fougueuse et débraillée, la plupart ne se reconnaissent pas vraiment dans nos revendications. Nous sommes déjà d'un autre temps. Suspects. Pour ne pas dire dissolus.

À tous les niveaux la déferlante démographique contribue à ébranler des acquisitions encore trop fragiles. Ça, c'est le ravage du lit! Il dévaste même les familles. Devenues pléthoriques entre des murs restés aussi inextensibles que les revenus, celles-ci ne peuvent plus sacrifier au sommeil tous ensemble. Surtout dans les grandes villes où l'exode rural transforme les rues en crues humaines. Comme pour toutes les autres pénuries, il faut aussi *faire la chaîne*[1] pour dormir. Ça vous démembre le corps familial. Il est atteint dans ses rites, contraint de vivre, de dormir par bouts décalés. La promiscuité et les frustrations poussent aux incestes...

Voilà pourquoi beaucoup d'Algériens rêvent et cauchemardent debout. Ils en deviennent mabouls. Le sommeil empêché est l'inverse de l'insomnie. Il conduit à l'irritabilité puis à la mort. Ça a été étudié chez les chats. J'ai appris ça. S'il n'y avait que le sommeil d'empêché! Tout concourt à empêcher la vie. Et comme si ça ne suffisait pas, les gens s'empêchent eux-mêmes aussi. À les observer hagards dans les rue, je me dis : ça va encore tourner au plus mal.

Il faut écrire cette lutte. Les nichées de lits de la cité, leur cocasserie, leurs acquis. Leurs épopées parfois belles, souvent décevantes. Il faut écrire les hordes de flics qui nous traquent le soir dans la ville. Qui nous embarquent. Qui parmi d'autres

---

1 Faire la chaîne : faire la queue.

menaces veulent nous ficher comme putains simplement parce que nous sommes avec des garçons.
Écrire nos affrontements dans les commissariats
miteux d'Oran. Parfois jusqu'à 2 heures du matin.
Une guerre des nerfs. Écrire les dérives, les aberra-
tions du système Boumediene. Écrire les gardes du
service de maternité. Les accouchements à la
chaîne, leurs scènes felliniennes. Les gamines terro-
risées qu'on nous amène dans leur habit de noce.
Nous sommes quelques-unes à avoir décidé de ne
pas les examiner. De leur établir d'office un certificat attestant qu'elles viennent d'être déflorées. Un
faux pour une cause juste. Dehors, le mari se met
aussitôt à brailler comme un âne qu'on égorge :
« J'aurai ta peau, sale pute !... »

Il faut écrire. Je me dis souvent ça. Mais je suis
trop dans la mêlée pour avoir le temps d'écrire.

Les études de médecine étant longues, dès la troisième année j'assiste aux départs des étudiants
d'autres facs. Du moins à leur ancrage dans la vie
active. À leurs prises de part du pouvoir. Souvent à
leur abdication de la contestation. Au début des
compromissions... Je vis ça comme une trahison.
Une traîtrise plus grande encore que toutes les
lâchetés de l'amour. Moi, je garde une agressivité
à fleur de peau, griffée sur chaque mot. Une fois,

mise à bout par un emmerdeur qui après m'avoir barré le passage, me pince au sein, je lui ai asséné une paire de gifles en pleine rue. Dans un bond, une détente de furie. Comme là-bas, dans le désert, un soir de 1er novembre... Je sais ce qu'il m'en a coûté. Je n'ignore rien de l'avalanche de violences que je peux déclencher en réagissant ainsi. C'est plus fort que moi. Plutôt mourir que laisser aux crapules l'impression qu'elles peuvent tout se permettre impunément. Mais sapristi! Ce n'est pas seulement de l'inaptitude. Renvoyer l'offense, la claquer au visage de l'attaquant, c'est une telle fulgurance! Une foudre de joie traverse le corps et laisse son feu longtemps au creux de la main. Cette fois-ci, seule l'intervention d'un copain oranais m'a sauvée du passage à tabac...

Je reste pleine de hargne, oppose à toute canaille des bras d'honneur dressés comme un étendard. Mes amis ont peur pour moi. Mais pour une fois j'ai l'illusion d'être dans le partage d'un même combat. Je n'ai aucune envie de rater ça.

Cependant l'étouffement, les abus, l'arbitraire, l'instinct du danger, la répétition des impossibilités, des faillites de l'amour finiront par me faire détaler.

Ici

J'essaie de me persuader de la nécessité d'écrire également les lits de l'amour. Là-bas. Écrire l'amour pour ne pas ajouter à l'injustice. Aux excès. Pour ne pas verser dans le manichéisme. Je n'y suis arrivée qu'une seule fois. C'est dans *Le siècle des sauterelles*. Encore que ce soit dans une histoire d'un temps antérieur au mien. Dans les autres romans toutes les amours se brisent. À replonger dans cette époque, c'est toujours la révolte, le sentiment de gâchis qui priment. Ressasser, c'est le ressort, le sort des traumatisés. Il faut que ça sorte par ruminations successives. Comme s'il fallait en saturer les autres pour pouvoir s'en décharger... Pourtant j'ai vécu de grandes amours en Algérie. Des amours empêchées. Forcément.

Mon cabinet n'est pas loin de chez Mathilde. Je peux m'y rendre à pied. Face à mes patients, je me prends maintenant à scruter les traits. A essayer de deviner leur camp, de sonder leurs opinions. Quelques-uns sont islamistes. Je le sais. J'en déduis que s'ils persistent à venir me consulter, c'est que le respect, la confiance l'emportent sur l'opposition. Le fait qu'ils transgressent l'avis de boycott proféré à mon encontre en est une preuve irréfutable. Aucun groupe quel qu'il soit n'est jamais un bloc monolithique. Moi, je porte mon attention à l'individu. À ce qu'il a dans le ventre. À ce qui l'accable. Pas à des communautés, des clans politiques. Mes amis, les Algériens surtout, crient à l'aveuglement, à l'attitude suicidaire : « Tu peux avoir tous les flics possibles dehors, une fois la porte de la salle d'attente franchie, tu es faite comme un rat ! Tu ne peux même pas te sauver. Tu as des grilles de l'autre côté. Ils peuvent t'égorger et filer sans que personne se doute de rien ! » Seule Mathilde résiste encore à la psychose. Comme moi.

Un après-midi, un adolescent français s'ouvre les veines devant la porte de l'immeuble contiguë à celle de mon cabinet : sa petite copine refuse de lui ouvrir. Elle ne veut plus le voir. Il est en butte à tant d'autres conflits. À d'autres désarrois. Des petits Beurs de la rue courent m'alerter. Je découvre le jeune homme par terre hypnotisé par la vision de son sang se répandant en nappe au seuil de ma salle d'attente. Ce n'est sans doute pas un hasard. Qu'importe. L'entaille est profonde. Je dois la comprimer longtemps avant de pouvoir la désinfecter, poser des points de suture. Ensuite, je téléphone à l'hôpital. Une surveillance, un soutien psychologique s'imposent. Je n'ai pas besoin du SAMU. La présence de pompiers suffit au transfert. Ils viennent d'arriver. Je suis en train de leur parler lorsque nous parviennent des cris de l'extérieur. Tout le monde se précipite dehors. C'est une amie algérienne, Farida, qui est là tétanisée à hurler comme une possédée. Elle est venue me chercher. Elle dîne avec moi chez Mathilde. Farida a vu la mare de sang, la camionnette rouge des pompiers devant ma porte, les curieux attendant de voir de quoi il retourne. Elle a immédiatement pensé qu'on venait de m'assassiner. Lorsqu'elle m'aperçoit, le regard obnubilé, elle pousse un râle : « *Ha! Ha!* » Je comprends tout de suite ce qui s'est joué dans sa tête, ce qui va suivre, m'élance, la reçois dans mes bras. Elle allait s'affaler. Après un moment de relâchement, Farida éclate en sanglots :

– Que tu sois maudite! Que tu sois maudite!
Jusqu'à quand vas-tu nous faire endurer ça? Dis?
Jusqu'à ce que ce cauchemar devienne réalité?!

Je ferme mon cabinet, transporte Farida en état
de choc chez Mathilde. Même celle-ci a ce soir un
rire crispé au récit de ce qui s'est passé. Je me
hasarde pourtant à tout tourner en dérision. Ça ne
prend pas vraiment. Les nouvelles de l'Algérie
continuent à nous traumatiser. Des proches, des
connaissances y sont tués juste pour ce qu'ils sont.
Pour nous réconforter, Farida et moi téléphonons
à Fatma et Wadi à Oran. Un couple d'intimes, de
joyeux noceurs. De ceux de toutes les résistances à
la cité U. Maintenant dans la ville assiégée. Ceux
qui nous disent toujours : « Quand c'est que vous
venez? On vous attend pour la bringue! Mais
bon... Nous continuons à la faire pour que vous
nous rejoigniez! » Même ceux-là ont un murmure
exténué :

– Malika, tu ne mets pas les pieds ici! Tu
attends notre feu vert. D'accord?

Ils ignorent de quelle façon leurs paroles
résonnent en moi cette nuit. Cette nuit, la peur
des autres m'entame. Je pense à Djaout, à Alloula,
à Mimouni, aux anonymes... C'est sûr, je ne peux
pas dormir.

On a craché des injures dans mon répondeur.
La menace n'est ici que dans le ton. Une sourde
vocifération. Je sursaute, réécoute. Ce n'est plus la
même voix. Cette fois, il s'agit d'un homme mûr.
Il s'exprime en arabe. Passablement éméché?
Brouillage? Je crois reconnaître cette intonation
bourrue. Sidérée, j'écarte le nom qui me vient à
l'esprit. Celui-là n'a rien d'un délinquant, d'une
proie paumée facile à enrôler. Il s'agit d'un universitaire qui m'a toujours haranguée! La sonnerie du
téléphone me fait sursauter. Ce sont les flics. Oui
ils savent. « Mais le relais des télécoms a disjoncté
juste à ce moment-là. » Ils n'ont pas pu localiser
l'appel. Je suis tellement abasourdie que je gobe
cette énormité. Ils me demandent l'enregistrement, sa traduction en français. Je les leur remets
avant de comprendre : c'est clair, les policiers ne
me révéleront rien. Tout ça n'est qu'une mise en
scène. Leur enquête dépasse ma petite sécurité. J'ai
du mal à l'admettre. Je ne leur dis rien de la voix.
Pas à eux. Du moins pas encore. Eux non plus ne
me rassurent pas.

Quelques jours plus tard, à la première sonnerie de la salle d'attente, je me trouve nez à nez avec un inconnu. C'est un grand malabar, brun, barbu. Je me sens minuscule devant lui. Il a l'air si fébrile. Après une seconde d'arrêt, je me ressaisis, souris, l'invite à me suivre. Il s'effondre aussitôt sur le siège devant moi, en grimaçant. Il n'est pas bien du tout. D'autres sonneries de porte me parviennent, m'aident à tenir. J'insiste pour imposer au mastodonte – vraiment malade – un arrêt de travail. Il rechigne comme devant une punition. En le raccompagnant je m'excuse auprès des autres consultants, leur demande un instant, reviens m'écrouler dans mon fauteuil. J'ai honte de mon soulagement. J'ai honte simplement : « Comment vas-tu te débrouiller avec ça? Ça s'appelle un délit de sale gueule! Est-ce que tu aurais oublié la tienne? »

Je craque. Je craque complètement. Pour des tas de raisons. Mon cabinet est une impasse. Je le sais depuis longtemps. C'est une entreprise colossale. Elle exige une vie entière. Elle demande un engagement total. Elle ne peut plus cohabiter avec d'autres nécessités aussi absolues que celles de l'écriture. Il me faudrait deux corps, deux volontés distinctes pour les satisfaire : « On ne peut pas visser une plaque de médecin, dans ce cas spécialement, quand on fiche le camp tout le temps ! »

De fait, la honte, le doute d'aujourd'hui ne font que hâter une décision à laquelle j'aurais été acculée à plus ou moins longue échéance. Il n'empêche. J'en ai mal partout.

Je viens de finir mon livre, *Des rêves et des assassins*. Toute la violence et la douleur, contenues, ont jailli dans ce texte pamphlétaire. J'en sors fourbue. Je redoute toujours l'effondrement qui suit la fin d'un roman. Une déprime de *post-partum*. En l'occurrence, elle me renvoie sans ressort au calvaire de la séparation, à ses tracasseries... Jean-Louis fait traîner les papiers pour ne pas divorcer. Nous nous étions mariés un an après mon arrivée en France. Il y a dix-sept ans. Mais je déteste le mot mari. Je ne l'emploie jamais. Je préfère dire compagnon.

À mon arrivée en France, j'étais farouchement contre toute idée de mariage. Mais les lois de plus en plus restrictives à l'encontre de l'immigration m'y ont contrainte. La première année de mon séjour en France, une déclaration de concubinage avait suffi à m'obtenir un récépissé de dépôt de

243

dossier qui me permettait de circuler en attendant la délivrance d'une carte de résidence. Je ne l'avais pas encore acquise que des directives plus sévères étaient promulguées. Mon justificatif devenait caduc. Aimer un homme, vouloir vivre avec lui ne légitimait plus de demeurer en France. Il faut dire que ma situation était quelque peu bancale : inscrite à l'université d'Oran, je finissais ma médecine en France. Je ne pouvais pas non plus bénéficier du faire-valoir d'un emploi. Mes gardes m'étaient payées au noir... Le statut de sans-papier me pendait au nez. Pour y échapper, je devais dorénavant soit justifier d'un compte en banque à titre étranger pourvu d'une somme, exorbitante en la circonstance, en devises. Soit me marier.

La dernière solution n'était pas pour déplaire à Jean-Louis. Craignant que la masse d'obstacles avec laquelle je me colletais à Paris n'ait raison de mon enthousiasme, il avait entrepris de m'en convaincre dès le début de notre vie commune : « Ce n'est qu'un papier ! Nous vivons déjà ensemble, non ? Il te permettra seulement de vivre en situation régulière ici. Et moi, je n'aurai plus la trouille qu'il t'arrive des ennuis, que tu te fasses expulser ! » Or même si je finissais par me résoudre à en accepter la validité, le fait qu'il faille un certificat de naissance portant la mention *en vue du mariage* m'arrêtait. Si je demandais ce papier à la mairie de mon village natal, mes parents en seraient avertis dans l'heure. Je pouvais imaginer le tollé. Mais là n'était pas le problème. Les répercussions sur mes sœurs vivant encore chez les parents me rendaient l'initiative rédhibitoire. Alors Jean-Louis et moi projetions d'aller passer un week-end à Amsterdam munis de la somme requise par la loi française, et d'exiger une déclaration de devises à la frontière, au retour. Il m'aurait prêté cet argent.

Au même moment, en Algérie, ma sœur cadette venait, elle, de convoler en justes noces. Pour ce faire, la mairie de Kénadsa lui a d'abord délivré un certificat établi à mon prénom. Elle me l'a adressé : « Pour rire ! C'est moi qui étais devant eux, mais mordicus, le premier mariage dans la famille ne pouvait être que le tien. »

Aux anges, Jean-Louis s'est exclamé : « Eh ben voilà ! Plus aucun souci pour nous marier. Et puis c'est un signe. – Non, il y a encore le hic de l'enregistrement... – Oui, oui, j'en fais mon affaire. Je vais écrire au maire du cinquième. Nous avions fini par obtenir du maire de cet arrondissement que notre mariage ne soit pas communiqué à la

245

mairie de Kénadsa. C'était ma condition : ne pas nuire à mes sœurs, là-bas. Pour avoir épousé un autochtone, une Algérienne vivant au Canada venait de se faire kidnapper et rapatrier par ses frères. Ce fait divers nous avait aidés à étayer les tracas et préjudices encourus, à faire entendre nos raisons.

Seuls nos témoins, une Algérienne et un Français, nous accompagnaient le jour dit. Nous avions été les leurs trois semaines auparavant. Dans les mêmes conditions... À la fin de son petit laïus, le maire avait conclu à mon intention : « Savez-vous que si vous demandiez la nationalité française dans les quinze jours qui suivent votre mariage, vous l'obtiendriez automatiquement. Vous êtes née avant l'indépendance, il s'agit dans ce cas d'une récupération de nationalité. »

J'avais ri à cette expression : *récupération de nationalité*. Moi, j'étais alors plus prédisposée à perdre la mienne qu'à en adopter une autre. Dans nationalité j'entendais surtout nationalisme. Je n'y entrevoyais que l'embrouille des devoirs sans droits. Une perfidie pour confisquer les libertés, fourbir des armes et des haines. Les hymnes nationaux braillaient à mes oreilles en triomphe des sectaires et des chauvins sur les esprits critiques.

J'avais répondu : « Je ne sais pas encore où j'aurai envie de vivre à la fin de mes études... » C'était la vérité. Aussi ne l'ai-je pas demandée. Beaucoup plus tard, ici à Montpellier, j'ai appris que je pouvais disposer des deux nationalités algérienne et française en même temps. Cette perspective a emporté mes réticences : « Mieux vaut deux qu'une seule alors. Et de par leur longue histoire d'amour conflictuel, celles-là vont mutuellement annuler leurs travers. »

Dix-sept ans plus tard, bardée de deux nationalités, me voilà plus perdue que jamais sans amour.

C'est sûr, je vais retourner à ma spécialité en pointillé. Dès demain, je m'intéresserai aux demandes des médecins en quête d'installation.

Je passe quelques demi-journées avec deux jeunes confrères. Je m'attendais à leur verdict. L'un après l'autre, ils comprennent que l'attachement de ma clientèle à ma personne est d'une autre nature qu'habituellement. C'est un lien qui ne peut être transféré avec le lieu. Second argument, de taille, c'est que moi définitivement partie, ceux qui ne parlent pas le français iraient sans doute consulter un autre confrère d'origine juive nord-africaine. Lui est arabophone. Son local se trouve juste à proximité dans une rue parallèle. C'est logique.

Si je suis *irremplaçable*, mes patients ne sont pas vendables non plus. Le piment de la situation atténue quelque peu l'amertume de devoir y laisser des plumes.

Quand vais-je arrêter? J'attendrai de pouvoir regagner ma maison. Ensuite j'irai de nouveau vers des lits attachés à des machines. Je réserverai plus de temps encore pour l'écriture. Cette idée me console.

Le silence de la nuit est si lourd. La tramontane me manque. Me manque dans son souffle le brame du vent de sable. J'ai besoin du vent. J'ai besoin de ses rafales quand la poitrine se met à serrer dans le noir.

D'Oran à Paris

Juin 1977, je suis à Paris. J'y suis arrivée avec très peu d'argent. Ce que j'ai pu économiser, échanger grâce au bon vouloir d'un copain. Si le franc n'est pas encore cher, les banques algériennes n'autorisent qu'une somme dérisoire de devises favorisant ainsi toutes les spéculations. Des potentats s'en dorent plus que la réputation. Toutes les magouilles, les gargouilles des portefeuilles se dotent en Algérie des vertus protectionnistes du nationalisme. C'est chez un Français que j'ai changé mon maigre pécule. À un taux plus qu'honnête.

Une amie algérienne me prête son studio rue d'Alésia dans le quatorzième. Elle en sera absente plus de deux mois. Elle a une bourse confortable. Elle ne me demande rien en contrepartie. Pas même de payer l'eau et l'électricité. En réalité, j'y suis si peu dans ce studio. Je vis dans les rues de

Paris. Je marche dans Paris des journées entières, une partie de la nuit. Je me fais la java. Je n'ai jamais autant flâné dans une ville, encore moins au désert. Du reste, j'ai plutôt l'impression de planer. J'ai des semelles de vent dans des tourbillons de rêveries, de griseries. Je me déboussole à becqueter sur les terrasses parmi des nuées d'oisifs, de buveurs de soleil. Je les épie et me dis : « Ils ne peuvent imaginer ce que représente pour moi le simple droit de pouvoir déguster une bière dehors ! Sans être insultée. Embarquée par des flics ignares. » Les ailes de ma liberté me font oublier les laideurs. J'en ai tellement besoin. Aux amants d'un soir je dis : « Je ne suis que de passage. Je repars demain. » Je n'ai aucune envie de m'attacher. Un homme pour moi c'est une terre. Celle-ci je ne veux que la respirer. Je veux m'y étourdir à voler, à en traverser les lumières.

Une pensée de Simone Weil résonne dans ma tête : *Tous les mouvements « naturels » de l'âme sont régis par des lois analogues à celles de la pesanteur matérielle. La grâce seule fait exception.* C'est dans *La pesanteur et la grâce.* Je suis en état d'exception.

Je viens de vivre deux années si difficiles. Dans l'étau policier, dans l'exaspération. Deux années d'études perdues par la faute d'un pervers qui prend un malin plaisir à infliger aux étudiants, aux étudiantes surtout, toutes les tortures possibles. Après les deux autres payées aux sévices d'un proviseur et de son inspecteur au lycée. Ça commence à faire un peu lourd comme parcours d'embûches.

Ce saligaud s'appelle Mahmoudi. Il est patron du service de gastro-entérologie. Tout a commencé en deuxième année avec le module d'histologie qu'il enseigne. Face à l'énormité du programme nous convenons Khéïra – la copine avec qui je bûche – et moi, de garder deux matières, dont l'histologie, pour septembre. Afin de mieux nous consacrer au reste. Le jour de cette épreuve, en juin, je ne juge même pas utile de m'y présenter. Je n'ai pas jeté un œil sur les cours. Khéïra, elle, s'y soumet, quitte la salle au bout de deux minutes en rendant copie blanche.

Je reste à Oran durant les vacances. Après un repos mérité – j'ai décroché toutes les matières passées – je me remets au travail pour préparer septembre. Khéïra, elle, est partie en France.

À la date de l'examen, elle m'avoue en riant : « Je suis arrivée hier. Je me suis amusée comme une folle. Je n'ai rien fichu. – Moi, j'ai travaillé comme une folle. Mets-toi derrière moi. Les gradins sont très plongeants. Tu as la vue qu'il faut. Je prendrai soin de mettre ma copie bien en évidence sur la droite. »

Nous procédons ainsi. Khéïra a du bol. Après nous avoir distribué les sujets, l'assistant censé nous surveiller s'est assis au pupitre pour se plonger dans la lecture d'une revue. En bas de chaque page, j'attends que Khéïra m'ait soufflé : « C'est bon, tu peux tourner » pour continuer à noircir l'autre côté. Quinze jours plus tard à l'affichage des résultats, Khéïra est reçue avec un dix-sept sur vingt. Mon nom ne figure même pas parmi les recalés. L'ignoble refusera de me recevoir, de me donner une explication. Lorsque je l'aborde dehors, il m'oppose avec mépris : « Je ne vous connais pas. Vous n'existez pas ! » Chaque fin de semestre, pendant deux ans, mon nom ne paraîtra que sur la liste de ceux qui doivent toujours se représenter à cette matière. Jamais sur celle où s'affichent les résultats.

Il se murmure tant de rumeurs à propos de cet infâme : « Quand il a quelqu'un dans l'œil, il lui faut des épaules – c'est-à-dire des soutiens – pour qu'il puisse espérer s'en sortir. Du reste il est prêt à n'importe quel chantage ou compromission. Il s'est mis en tête de briguer un haut poste politique. Il a une joyeuseté supplémentaire pour les étudiantes : le droit de cuissage, du moins les voir pleurer, s'incliner à ses frasques. Celles qui résistent, il les empoisonnera jusqu'au bout. Il s'amusera à casser les fortes têtes. » Casser, c'est de tous les programmes du pays.

À la fin de la seconde année de ce traitement, nous sommes un certain nombre de victimes. Toutes nos manifestations, nos plaintes sont restées sans effet. Je vais encore devoir subir cet examen. Ça ne fera guère que la cinquième fois. Je vocifère partout que je possède cette matière mieux que lui ! Un jour je crie sur son passage que j'aurai sa peau tôt ou tard. Il y a une telle rage dans mon hurlement qu'il en sursaute, se tourne vers moi puis se hâte de se débiner. La session d'après, mon nom surgit sur la liste de ceux qui, après l'écrit, se retrouvent avec un oral à passer. Un progrès indéniable !

Rassemblés devant son pavillon, les étudiants délibèrent, veulent le boycotter pour la nième fois... Je me propulse sur les marches de son service, le suppose écoutant nos tergiversations derrière la porte et ponctue : « Il n'y a pas de justice pour les pauvres et les sans-épaules dans ce pays. Il se moque depuis des années de tout ce qu'on a

entrepris contre lui. Aucune instance n'est inter-
venue pour y mettre le holà. Alors on rentre tous,
on lui donne la raclée de sa vie, à lui faire cracher
ses vices, toute envie de continuer son jeu de mas-
sacre! » Les hésitations, les palabres inefficaces,
c'est plus que je n'en puis supporter : « Vous êtes
des lâches. Moi, j'y vais. S'il ne me le donne pas, je
le tue! Comme ça j'aurai au moins débarrassé la
fac de sa pire ordure! »

J'entre, les mains dans les poches de ma veste.
La droite est fermée sur un gros galet ramassé la
veille à la plage. À mon apparition au seuil de son
bureau il s'écrit : « Disparaissez, je vous mets onze.
Et dites à ces imbéciles dehors que je n'ai pas de
temps à perdre. » J'avance encore d'un pas : « Je
veux le voir écrit. » Il porte la note sur sa liste en
face de mon nom. « Voilà, foutez-moi le camp!
– Qui me dit que ça ne changera pas à l'affichage? – Moi. Seulement parce que je ne veux
plus vous revoir. – Moi non plus. Ça tombe
bien! » Je quitte son bureau à reculons avec la folle
envie de lui balancer quand même mon galet dans
sa gueule de pourri. Je garde encore cette frustration!

J'ai préparé mon départ pour le Canada. Je dois y aller en janvier prochain. Un couple de Canadiens travaillant dans le gaz à Arzew m'y passe un appartement. Parmi les plus grands professeurs de médecine là-bas, ils comptent un des membres de leur famille. Je vais être épaulée moi aussi, ailleurs. Juste pour ma bouille. Dans un désert de neige. Dans un pays de grands blonds. Ça me changera de toute la noirceur hirsute dans laquelle je me débats.

Je travaille tout le mois de juillet à Paris dans un grand hôpital. Je veux pouvoir m'offrir un voyage en août. Parfois, avec les instructions concernant ma garde, je reçois cet avertissement : « Fais gaffe, dans telle aile, il y a trois Arabes. – Tu as vu ma tête ? – Toi, ce n'est pas pareil ! »

C'est au cours de ce mois de juillet que je rencontre Jean-Louis. Lui, ce n'est pas pareil. Je ne peux pas lui dire : « Je ne suis que de passage. » Il a vécu en Algérie. Nous y avions des amis communs sans nous être jamais vus.

Je suis en train de déjeuner avec l'une d'elles dans le Marais lorsque le hasard le fait passer par là. Il revient d'un mois de bateau en Méditerranée. Il se débrouille pour reprendre du congé aussitôt et m'emmène en voyage. L'Autriche, du Tyrol à

Vienne. La Yougoslavie. Trieste et Venise. Les bords du lac Majeur... Tout le long du voyage, il me parle de bateau et de mer. Dans ce dialogue amoureux j'entrevois enfin la possibilité de vivre des immensités autrement qu'en abîme, en claustration. Je me mets à rêver de traversée.

De retour à Paris en septembre, nous ne pouvons plus nous quitter. Le projet du Canada, de son désert blanc tombe dans l'oubli. Notre fougue se polarise sur l'urgence de la solution qui me permettrait de poursuivre mes études à Paris. Les réformes de l'enseignement en Algérie visent à empêcher l'hémorragie des *cerveaux*. Sans y parvenir réellement. De sorte que je ne pourrais m'inscrire en France que pour une spécialité. Il me faudrait donc attendre la fin de ma médecine. Autant dire la fin du monde.

À la faculté de médecine de Paris, la personne en charge des stages d'internat est une femme. Je lui expose ma situation. Elle écoute attentivement, compatit : « En tout cas, il y a un précédent. Le fils de votre doyen va poursuivre ses cours, ses stages ici en restant inscrit là-bas. – Ah bon, depuis quand ? – Là, à partir de cette rentrée. – Oui, mais moi mon père n'est pas doyen. Qu'est-ce que je peux faire ? Comment faut-il procéder ? » Elle réfléchit un instant, tire d'un casier la liste des patrons de médecine, coche par ordre de préférence ceux susceptibles de m'aider : « Milliex d'abord. Lui, il est de toutes les causes et il ne les perd pas. Terris en deuxième position. C'est le gastro de Hassan II. – Ce n'est pas vraiment une référence pour moi ! » Elle sourit, m'assure : « Non, mais il est proche des Maghrébins. C'est un homme bien. » Elle me tend la liste cochée. Il y a deux autres noms. Les adresses des services, les téléphones de leurs secrétariats y figurent aussi.

En sortant de là, je me précipite vers une cabine. Milliex est absent de Paris pour quelques jours. J'assiège la secrétaire de Terris, obtiens un rendez-vous en milieu d'après-midi. L'homme est chaleureux. Je lui raconte mes difficultés, mon étouffement, mes désirs. Il me pose quelques questions sur mon parcours. Au bout d'une demi-heure de conversation, il conclut : « Bon on va essayer, d'accord ? » Je hoche la tête tétanisée. Il poursuit : « Je vais vous faire une lettre dans ce sens. »

J'attends que sa secrétaire la tape, qu'il la signe : « Alors bonne chance. Tenez-moi au courant. » Dans le hall, je lis enfin sa lettre et manque tomber à la renverse tant le contenu dépasse toutes mes attentes. Le digne homme s'engage envers l'université algérienne non seulement à me recevoir dans son service mais aussi à organiser mes stages suivants. Il choisira les patrons des autres services, veillera sur le déroulement de mes études en France. De fait, j'ai un tuteur en blanc dans la Ville lumière. Comment désespérer quand un *gastro* peut en sauver un autre même en fréquentant des rois?!

La seconde manche se joue à Oran.

À mon arrivée, en fin de matinée, je rapporte mon conte de fées aux copines, leur annonce ma décision de tout tenter pour repartir, d'aller voir le responsable des stages l'après-midi même. « Tu n'as pas intérêt à essayer de le rencontrer aujourd'hui. Il est furieux contre les étudiants. Figure-toi que c'est seulement ce matin en cours d'AG qu'il a appris que le fils du doyen était en France. Par les étudiants. Il en a piqué une crise de colère épouvantable. Nous venons de nous quitter sans parvenir à nous entendre. Nous faisons grève! Le doyen, lui, est absent en ce moment. »

Je les plante là, cours vers le bureau de .et homme : « Qu'est-ce que vous voulez? J'en ai ma dose aujourd'hui des lubies des étudiants. – Je viens vous voir pour tout autre chose, monsieur.

Je viens vous demander l'autorisation d'aller poursuivre mes études à Paris. »

Il allait me tourner le dos, rentrer dans son
bureau. Mes paroles l'arrêtent. Je lui mets la lettre
de Terris entre les mains : « Ah! Tiens, Terris. Un
homme très compétent, bien. » Il lit : « Hé!
Entrez. » On s'installe. Il esquisse un sourire
amusé : « Je ne vois aucune raison de vous refuser
ça à vous qui en faites la demande avec cette cau-
tion là-bas quand Untel se dispense de tout seulement parce qu'il est le fils du manitou. » Je me
mets à en trembler sur le siège. Il ajoute : « Pour
une bourse ça va être plus délicat. Mais il doit y
avoir un biais. » Je sursaute : « Non, monsieur,
non! Je ne veux pas de bourse. Je ne veux rien
devoir à ce pays. – Vous avez tort... Faites-moi une
demande manuscrite. Là, tout de suite. Pendant ce
temps, je dicte une lettre d'autorisation et vous
vous tirez. Il ne faut pas que vous soyez là au
retour du doyen! »

Sa lettre dans les mains, je me hâte d'abord de
téléphoner à Jean-Louis qui se ronge les sangs en
attendant à Paris : « Ouaou! On ira faire du
bateau! » A cette perspective du départ je réalise :
« Depuis quand n'ai-je pas vu mes parents? » Je ne
sais plus. Je dois y aller. Je ne dirai pas que je pars

pour la France. Ma légèreté du moment ne saurait souffrir une tragédie. Je me résous à prendre un billet d'avion pour Béchar. Je n'y resterai qu'un jour.

Ensuite, je reviens à l'hôpital avec de quoi arroser mes petits miracles et mes adieux. Tout le monde en est époustouflé. Moi la première.

À mon retour de Béchar, la veille de mon départ pour Paris, j'achète un tapis et une couverture arachnéenne, faite de la plus effilée des laines et de poils de chameau. Ce sera mon couvre-lit. Je m'offre aussi une grande carafe en poterie. Je ne vois pas alors le comique de mon geste. Je ne me rends pas compte que j'emporte de la laine et des poils de chameau pour y lover mes amours. Pour y dormir sur une autre terre. Un pot d'ici pour continuer à étancher les soifs de mes nuits là-bas.

Je reviens au milieu du prin-
temps. L'installation de grilles en fer forgé à toutes
les ouvertures finit par avoir raison des réticences
policières. C'est un tel bonheur de retrouver mon
lit. Mon lit pour moi toute seule. Le matin au
réveil, avant même d'ouvrir les yeux, je sens monter en moi le désir de lumière. Premières phos-
phorescences sur mes paupières encore closes. Son
rayonnement diffuse dans mon corps. Je m'étire, le
savoure. Lorsque j'écarte les rideaux, le soleil fait
irruption dans la chambre, inonde mes draps.
J'inspecte la tiédeur du jardin. Les rosiers
commencent à fleurir. J'éprouve une telle plénitude. Ma solitude a retrouvé son allégresse. Retail-
lée à neuf. Même l'insomnie ne m'est plus qu'un
supplément. Une gourmandise de vigie. Les dan-
gers, la fin de l'amour aiguisent la sensualité. Ils
focalisent mon attention au relief de l'instant.

261

Coïncidence burlesque, mon divorce est prononcé en mai 1995 le jour de « La Comédie du livre », la foire de Montpellier. En arrivant au stand de mes amis libraires, je fanfaronne : « Bonjour la Comédie du livre, je viens de dire au revoir à celle de l'amour. » Bravade de femme blessée. Cet amour-là a réussi à tempérer mon agressivité, mes excès. Il m'a rendue à moi-même. Plus libre encore... Peu de temps après, la voix de Jean-Louis est cafardeuse au téléphone. Les ennuis dans son travail perdurent. Je suggère : « Prends-toi deux années sabbatiques et pars assouvir ton rêve de toujours, le tour du monde en bateau. » Il répond d'un ton contrit : « Mon tour du monde en bateau, c'est avec toi que je voulais le faire ! » Des mots d'amour. Indéniablement. Nous ne ferons pas le tour du monde en bateau ensemble parce que mon voyage en écriture lui avait paru le bout du monde sans lui. Le bout du monde aussi le revers des mots d'amour..

J'abandonne le cabinet le mois de juin suivant. Quatre mois après les menaces. Sans avertir mes patients. J'en ai mal au ventre mais les instances ne me laissent pas le choix : « La nouvelle pourrait précipiter une attaque contre toi. » Au premier coup de fil aux collègues néphrologues, j'ai des tonnes de propositions. *L'irremplaçable va faire des remplacements.* Juste de quoi vivre correctement. Ne pas asservir l'écriture au besoin d'argent.

Je retrouve les lits de la dialyse. Le ronronnement des générateurs sentinelles. Les tubulures où le sang circule entre eux et les corps attachés : cordons ombilicaux à rebrancher impérieusement trois fois par semaine. Sous peine de complications mortelles. Le rein artificiel lové comme une recharge, une batterie de vie dans un cocon hallucinant d'alarmes. À ces retrouvailles, je mesure combien ces lits-là m'ont manqué. Leur rôle jusqu'alors occulté dans ma décision du retour. C'est là qu'est ma véritable place de médecin. Le détour par les soins aux immigrés répondait à un désarroi. Il n'y a pas de plus grand exil que ces maladies chroniques où la survie est définitivement dépendante de la pointe de la technique médicale. Cette spécialité correspond à ma vocation. Un jour j'écrirai mon temps au chevet de ces lits. Mon rapport avec ces corps-là. Ceux-là qui, faute de ne plus pisser, sont obligés de vivre avec une inextinguible soif. Sauf à risquer l'œdème pulmonaire aigu, cette effroyable noyade interne.

Je me défends comme je peux des effets de la surveillance policière. À la sortie de mon livre, *Des*

263

rêves et des assassins, des meutes de CRS cernent tous les lieux où j'interviens. Par moments, j'ai l'impression d'être en Algérie tant elle m'explose à la gueule, ici, dans le déploiement de cet arsenal. Tant je me trouve constamment réduite, par les lecteurs, les publics, aux seules analyses sociologiques, géopolitiques de la société algérienne. Mais ce qui m'insupporte par-dessus tout, ce sont les écoutes téléphoniques. C'est une telle effraction dans l'intimité. Il m'est trop pénible de devoir me censurer quand j'ai tant besoin de parler aux amis que le terrorisme a dispersés de par le monde. Je pense souvent au calvaire de Salman Rushdie. Lui, il vit ça depuis si longtemps. À un degré encore plus contraignant. Ça doit être infernal.

Cependant lors des salons du livre, cet automne 1995, entourée de gardes en civil, revolver dans la poche interne de la poitrine, je vis des moments burlesques, parfois insolites. À Nancy l'un de ces baraqués est rouquin, hâbleur. Au cours de l'après-midi, pendant que je signe mes livres, il ne cesse de murmurer des réflexions hilarantes dans mon dos. Ses collègues, les auteurs, les visiteurs, tout le monde en profite. Il réussit à effacer ce que cette présence aurait pu susciter de tension, d'appréhension. Le soir, à la fin du dîner, il vient s'asseoir à ma table, épate les autres écrivains en récitant des poèmes de Marina Tsvetaeva, d'Akhmatova, de Mandelstam – il est d'origine polonaise. Et de conclure à mon adresse : « J'ai été le garde du corps de Rachid Mimouni quand il est venu ici. Mais un corps comme le vôtre, je voudrais bien le garder plus longtemps. » Plus tard, en me raccompagnant à l'hôtel, il m'enjoint devant la porte de ma chambre, toujours d'un ton pince-sans-rire : « Dormez sur vos deux oreilles. Nous veillons sur votre sommeil mon collègue et moi. Nous occupons la chambre voisine. Ne vous affolez surtout pas si dans la nuit vous entendiez un grand ramdam. Je serais seulement en train d'abattre la cloison entre votre lit et le mien. »

À mon départ de la ville, il m'offre une rose assortie au safran de ma robe.

Si tous les policiers du pays étaient comme lui, sûr que beaucoup de gens auraient besoin de protection.

Moins drôle est ce qui arrive lors d'un salon dans le Sud. Le dimanche, en fin d'après-midi, une nuée de CRS fend soudain la foule pour se précipiter sur moi : « Ne vous inquiétez pas, mais on doit vous faire partir. » On m'entraîne vers le fond du chapiteau. On appelle un taxi. On m'y fourre. On

m'escorte jusqu'à l'autoroute. Direction Montpellier. À l'arrivée, sitôt ma porte ouverte, je saute
sur le téléphone, appelle les organisateurs : « Ils ont
vu un Maghrébin débouler dans le salon. Il avait
l'air de chercher fiévreusement quelqu'un. » Éclat
de rire. « Le pauvre, on a su qu'il essayait seulement de retrouver ses enfants qui n'étaient pas
apparus à la maison de la journée. C'est un Marocain. Il avait passé sa journée à jardiner. Il avait la
tenue adéquate, un peu de terre sur le pantalon.
L'inquiétude avait fini par le propulser comme ça
au salon. – Rassure-moi, ils ne l'ont pas tabassé ? –
Je ne peux pas te dire. J'espère que non. »

Et tant d'autres anecdotes encore. C'est un cli-
ché de croire qu'en France les intégristes ne
peuvent être que poilus ou du moins mal dégros-
sis. En tout cas marginaux. À plusieurs reprises lors
des salons du livre, j'ai en face de moi des jeunes
hommes fringants, rasés de près qui adoptent une
allure des plus nonchalantes pour me cracher au
visage le pire venin. Lorsque mon entourage
commence à s'en affoler, sans perdre leur sang-
froid, ils s'éclipsent, se faufilent dans la foule, nous
laissant le souffle coupé.

Ces ennuis ne se dissiperont qu'un an plus tard.
À la suite de ce qu'on a appelé le démantèlement

du réseau Kalkal. J'ignore si les menaces à mon encontre avaient un quelconque lien avec cette histoire pour le moins navrante. Quoi qu'il en soit, peu de temps plus tard, je reçois la convocation d'un juge pour la levée de la commission rogatoire. Ouf! Cependant je continue à avoir droit à la ronde des flics à chaque *réactivation* du plan Vigipirate.

Au bout de deux ans de remplacements, je trouve mon rythme : sept à huit jours de néphrologie par mois. Pas plus. Le reste de mon temps est consacré à l'écriture. Je résiste longtemps à toutes propositions de travail fixe. Contrairement à ce que je me racontais auparavant, la France manque de néphrologues. Je peux travailler au coup par coup. Selon mes besoins et mes dispositions. Cependant, à faire le tour des divers centres, je ne tarde pas à me fonder une opinion sur les conditions humaines et matérielles de chacun. C'est pourquoi je finis par céder aux instances de Jean-Paul Ortiz, un copain de ma promotion. Il est catalan. Il a créé un service comportant tous les volets de la spécialité à Perpignan. On s'entend bien. Je me suis attachée aux patients. Ma présence n'excédera pas le volume horaire préalablement déterminé. Je continuerai à y choisir mes jours d'exercice...

Il me plaît d'avoir une ville distincte pour chacune de mes activités. La distance qui les sépare me convient. Ma migration entre ces deux lieux, Montpellier et Perpignan, me permet d'évacuer les préoccupations de l'une afin de mieux pouvoir plonger à corps perdu dans l'autre. J'aime dire que je fais ma *transhumance* entre l'écriture et la médecine. J'aime penser que je garde inscrit en moi le mode de vie de mes aïeux bergers des hauts plateaux. Mon père, lui, est devenu gardien d'un puits dans le désert. Mon puits à moi c'est l'écriture au milieu des garrigues et des rocailles d'une autre terre. Ma vie est un flux tendu entre deux villes, deux activités, deux pôles captivants.

Lorsque j'écris, j'oublie tout. Je m'oublie. Je peux passer quatre, cinq jours et plus sans quitter ma maison. Sans voir personne. Le temps de la néphrologie m'arrache à cet enfouissement. Il me propulse vers de lourdes responsabilités, un travail d'équipe. Surtout, il me confronte avec la douleur physique, parfois extrême, et la mort. Souvent. Aussi dur et éreintant qu'il puisse être, ce rapport-là m'est salvateur. Il participe continûment à relativiser les tracas personnels. Ici aussi le décompte des heures n'a de consistance que par la satisfaction de la tâche accomplie.

Le téléphone du cabinet avait fini par m'empoisonner l'existence. Mon numéro figurant sur la liste des médecins, j'étais harcelée par toutes sortes de requêtes. Parfois même par des demandes extravagantes ou sans gêne. À les écouter, j'aurais passé mon temps en militantisme, en interventions diverses, en représentations... Comme maintenant ma ligne personnelle est sur liste rouge, la sonnerie du téléphone ne m'importune plus. Je vis en retrait sur mon rocher. Je ne suis d'aucune mondanité dans la ville de Montpellier. Je ne l'ai jamais été. Je vis en marge. Dans le silence et la paix de ma maison. Jalouse de ma solitude, je ne me sens pas prête à la laisser troubler par n'importe qui.

Un soir de novembre 1996, Fatma et Wadi appellent d'Oran : « Est-ce que tu pourrais venir fin décembre ? On voudrait t'emmener au désert, à Timimoun. » Je ne réfléchis pas une seconde. Retourner au désert après vingt ans d'absence ! Pas chez mes parents. Plus au sud. Dépasser les lieux de la douleur et des conflits. Aller à la terre pour la terre. Je n'en pouvais plus de l'écriture, tenaillée par les drames de l'Algérie. J'avais besoin d'une pause aux creux des sables, d'une dépose de leur charge de nostalgie. J'en espérais la délivrance de l'écriture aussi.

Avec Fatma et Wadi, nos joies, nos angoisses sont restées soudées abolissant tous les écarts. Aux pires moments des ravages dans le pays, les voilà à conspirer pour me ramener aux creux de mes sables. Les fêtes de fin d'année que je redoutais tant se transforment en bonheur de retrouvailles.

Les avions d'Alger et d'Oran déversent à Timimoun des foules de citadins groggy par les attentats, les répressions. Par petits groupes, ils essaiment les salons, les terrasses de l'hôtel. Ceux qui viennent du *Triangle de la mort* − la région comprise entre les villes d'Alger, Blida et Médéa − sont les plus sonnés. Ragaillardis, les Oranais les houspillent : « Au vestiaire, les masques de la peur, les habits de deuil. » Le rire gagne peu à peu, déclenche des joutes d'humour et de blagues. Les intégristes, la gent militaire, les péquenots broyés par les deux, les travers de la société... Tout est découpé, croqué avec ironie. Les répertoires rivalisent. C'est à qui provoquera le plus d'hilarité. Il y a là un tel empressement à la liesse. Cette urgence

270

de vivre quand on sait que la mort peut frapper demain. Je n'ai jamais autant ri que lors de ce séjour. Je n'avais jamais imaginé que mon premier retour au désert se déroulerait sur ce tempo-là.

J'en suis revenue avec un début de livre plus distant : *La nuit de la lézarde*. Un livre de retour où le désespoir se décline dans la sérénité. Une conquête de la liberté par une femme que rien n'y prédisposait. Les drames du pays y sont plus assourdis. Comme ils le sont depuis toujours au désert. Dans ce roman ils passent surtout par les interprétations farfelues de deux hurluberlus.

Mon premier livre, *Les hommes qui marchent,* est réédité en mai 1997. L'été suivant un ami arrivant d'Alger s'inquiète : « Comment ça s'est passé pour *Les hommes qui marchent* avec le journal *Le matin* ? – Qu'est-ce que tu veux dire ? Il ne s'est absolument rien passé. – Tu ne sais pas que c'est leur feuilleton de l'été ? Non ?! Écoute, il en publie chaque jour une double page depuis le 1er juillet. Ça devrait durer jusqu'à fin septembre. Je t'ai apporté celles que j'ai pu avoir... Tu devrais leur téléphoner, les engueuler. Ce n'est pas normal ! – Les engueuler ? Tu plaisantes ? Les remercier, oui. Tu te rends compte, ils me font exister là-bas. – Là-bas, tu existes par toi-même. Ces pratiques-là... – Laisse tomber. Je suis pour le piratage dans ce cas. C'est une forme de résistance. J'aurais seulement aimé en être avertie. »

Fatma et Wadi téléphonent d'Oran : « C'est si bon de voir des gens absorbés par la lecture de ton livre par journal interposé aux terrasses des cafés. On a pris l'habitude d'aller les observer. Leurs yeux balaient rapidement les désastres du pays. Puis, ils sirotent leur breuvage en dégustant leurs pages du jour. »

Oui, c'est bigrement bon ! C'est tout bon pour continuer l'écriture de *La nuit de la lézarde.*

Un an plus tard, ce 27 août 1998, trois semaines avant la mise en librairie de mon roman, *La nuit de la lézarde,* je rentre passablement exténuée d'une garde de quatre jours. De mon paquet de courrier, je tire *Le Nouvel Observateur* et m'affale sur une chaise longue. Le sommaire annonce la rentrée littéraire. L'Algérie y ouvre le bal. Je lis. Je lis jusqu'à la lie la démolition de mon roman qui se termine par la diffamation de l'auteur : *Mais derrière... se cache plus grave :*

une malhonnêteté à surfer sur la sanglante vague algérienne. Et cela pour une fois il nous a semblé nécessaire de le dénoncer! Cette ignominie n'est signée que par des initiales. Une note de la rédaction précise qu'il s'agit d'un journaliste algérien réfugié à Paris. Les deux lettres ne me disent rien. Qui c'est, celui-là? Et pourquoi cette accusation? Dans ma consternation j'ai soudain l'impression d'avoir dans les mains le quotidien algérien *El Moudjahid* aux pires temps des vindictes et délations d'un parti totalitaire. Un dénigrement digne des organes les plus réactionnaires.

Après un moment de prostration, je finis par téléphoner à mon éditeur. Je dois me rendre à Paris demain pour signer mes envois de presse. Accablé par cette calomnie, celui-ci a préféré attendre ma venue pour me l'apprendre. Il ne savait pas que j'étais abonnée à ce journal.

À Paris je rédige une lettre de protestation au rédacteur en chef de l'hebdomadaire, la lui envoie par porteur. Il me répond qu'il est contre ces procédés, qu'il veillera à ce que ses collaborateurs m'accordent un droit de réponse. Je m'y attelle illico et le lui adresse. Pour tout droit de réponse ma lettre paraît, tronquée, sous la rubrique

273

Courrier des lecteurs et suivie des ricanements de l'odieux journaliste.

Dans le déluge de la rentrée littéraire, la plupart des critiques littéraires nationaux feront l'impasse sur mon livre. *Diffamez, diffamez, il en restera toujours quelque chose!* Les rares articles parus ici et là seront une grande consolation. Une autre me viendra, via mon éditeur, par des lettres de lecteurs révoltés par ce papier. D'aucuns me disent avoir résilié leur abonnement à ce journal à cause de cet outrage. Mais aucune voix ne s'est élevée pour s'insurger publiquement contre ces façons de faire.

Tout le monde se relaie pour me dissuader d'intenter un procès à ce journal : « La bévue de ce petit connard a dû leur échapper. Tu verras, ils vont se rattraper à ton prochain livre. » Sauf Mathilde : « Fais-le! » Le temps de m'y résoudre, il est trop tard. Passé un délai de trois mois, on ne peut plus intenter de procès en diffamation. En 2001, je refuse de dédicacer le roman suivant, *N'zid,* à ces gens-là. L'attachée de presse le leur a sans doute quand même envoyé. Ils n'ont pas eu l'élégance d'écrire un mot sur cette parution. J'ai eu raison de les exclure de ma liste. Avant qu'ils ne me signifient, comme un certain professeur Mahmoudi là-bas, que je n'existe pas.

Quant à l'auteur de l'abjection, le minable plan-
qué derrière des initiales même à Paris, on m'a
appris qui il est : un tchi-tchi [1] algérois dont toutes
les manigances ne visent qu'à se poser en titi pari-
sien. Et par quelle fumisterie un chroniqueur
lambda se voit-il promu critique littéraire du seul
fait de la traversée de la Méditerranée ? Un temps,
l'idée d'une paire de gifles à lui faire sauter sa
morve aux yeux m'a traversée. Mais lorsque je le
croise pour la première fois je me retiens. Ce serait
me salir les mains.

Moi, je signe mes livres de mon nom depuis
des années. Ma photo figure sur leur couverture. Depuis la parution de mon premier livre,
Les hommes qui marchent, j'ai bravé seule
des persécutions de tous ordres sans jamais
les mettre en avant pour me faire valoir. J'ai
attendu des années pour écrire ça. À présent, c'est
une nécessité : Répondre aux crapules de tout aca-
bit : *Je crache sur vos dénis, vos offenses, vos sentences,*
vos menaces.

L'infâme, lui, ses copains journalistes français
ressassent chaque fois qu'ils le citent qu'il a subi
ceci, cela en Algérie. – Qui n'est pas en danger

---

1. Enfant de la nomenklatura algéroise.

là-bas ? – Et de se gargariser de sa plume *au vitriol*. À ce seul mot, vitriol, j'ai un mouvement de recul nauséeux : c'est ce que les intégristes ont jeté aux visages, aux jambes des filles dont le seul tort était d'avoir osé braver la rue sans voile.

APPORTE-MOI UN MANTEAU LÉGER

La dingue des nuits algériennes

Mai 2001. Je viens d'arriver à l'hôtel Eldjazaïr – on l'appelle encore Saint-Georges. Par la baie vitrée je vois la mer. Il y a des cargos à l'ancre dans la rade. Je suis heureuse d'être à Alger. Je suis heureuse de ce qui m'y attend. Le bleu de la mer absorbe mes yeux. C'est un bleu ivre de lumière. Il se balance à l'infini. Il tient le ciel renversé. Je pense aussitôt à l'autre rive : « Montpellier c'est par là. » Avant, lorsque je vivais ici – je veux dire à Oran –, je n'évoquais jamais l'autre rive. Elle n'avait pas pris corps en moi. Je n'avais pas encore navigué. Je n'y avais pas écrit. Maintenant, de quelque côté que je sois, je nomme immédiatement l'autre. Maintenant j'ai deux bords. Il n'y a pas que ma langue et mon écriture qui soient traversières. Je le suis tout entière. Je suis entière par ce duo en moi.

C'était souvent douloureux le rivage d'ici ressenti là-bas. Quand, après une journée d'écriture, j'allais marcher seule sur les plages de Montpellier. Quand harassée, j'allais coucher le soleil dans la mer. La rumeur des vagues me disait la souffrance, l'impuissance des mots. Le crépuscule se déchirait comme un sanglot sur l'horizon de l'Algérie. Ça va mieux à présent. Il y a toujours moins de peine quand le retour est possible. Le murmure de la mer m'est de nouveau un appel. Une caresse sur la part meurtrie.

Je regarde le téléphone, électrisée : « Je dois. » Je dois annoncer que je me rends à Kénadsa. Une voix illuminée m'avise : « La numérotation a changé. Veuillez consulter... » Je râle : « Moi aussi j'ai changé. La preuve ! »

Je suis au courant des modifications. J'ai un feuillet dans mon calepin avec les nouveaux indicatifs des régions. Je recompose les mêmes chiffres sans plus de succès, contacte les renseignements. Ça m'a l'air d'un foutoir inimaginable. Je passe par une foule de voix léthargiques – borborygmes d'un fantôme d'administration. Elles bâillent, grognent, toussotent, reniflent, rotent dans mon oreille sans me répondre. J'insiste, harcèle, gronde, supplie, poireaute un bon quart d'heure avant qu'on

me soupire enfin : « Pas d'abonné. » Et de me raccrocher au nez. Je ne sais si je me sens soulagée ou
agacée. Les deux sans doute. Il m'a fallu tant de
temps pour me décider à ce coup de fil. Pour revenir de si loin. Je me laisse tomber sur le lit : « Ils
n'ont pas de téléphone... Je me pointerai sans avertir. Pas le choix. »

C'est bien sûr ce que j'aurais préféré. Je me surprends m'abritant derrière des déductions foi-
reuses : « Avec toutes les interviews prévues, ils
vont savoir que je suis en Algérie. Ils ne seront
peut-être pas si étonnés de me voir débarquer.
Peut-être même vont-ils l'attendre, l'espérer ? »
Pardi ! Combien de fois ont-ils vu ma gueule ici ou
là sans que je leur rende visite ? Combien de péroraisons dans tous les médias sans un signe pour
eux ? Je suis même allée plus loin dans le Sud, à
Timimoun, pour retrouver le désert sans les drames
familiaux. C'est ici, et bien avant toute notoriété,
que je les ai habitués à ne pas m'attendre. « Alors
s'il te plaît pas de mauvaise foi, pas de lâcheté. Ça
non, tu ne peux pas. »

Si je me présentais sans crier gare, après vingt-
quatre ans d'absence, mon père ne risquerait-il pas
une attaque à mon apparition ? Il est vieux,
malade. Je n'y vais pas pour l'achever. Je veux le

revoir, c'est tout. Avant qu'il ne disparaisse sous terre. Avant que ce ne soit trop tard. C'est ce qui me hante et m'épouvante. C'est monté lentement en moi comme toutes mes terreurs. La nécessité a fini par l'emporter sur les refus, les résistances. Malgré la lucidité sur l'irréparable.

J'ai envisagé tous les scénarios depuis des mois. Je me suis bien gardée de prévenir longtemps à l'avance. En pareil cas on rameute toujours les tribus, leurs arrière-bans, les amis, les voisins. Ceux qui ne sont pas invités viennent par sympathie, par curiosité, par voracité... Je n'ai aucune envie qu'on me pollue cet instant. Je veux y entrer en silence. Retourner le silence des ans. Remettre à vif les distances. Rétablir le contact. Juste ça. Après des décennies de temps mort. À petits pas pour ne pas tomber. À petites doses pour ne pas exploser.

Je ne le conçois pas dans l'agitation. Il n'y a rien à fêter.

Soudain je pense à Fatiha, l'amie avocate installée là-bas. Celle qui a défendu mon frère intégriste. C'est dans mon projet de la revoir aussi. Elle, elle peut me secourir. Numéro erroné. Décidément! Alors j'appelle Fatma et Wadi à Oran. Eux, je ne les ai jamais perdus de vue ni d'écoute.

282

« Tu viens ici aussi comme convenu ? – Bien sûr. – Le numéro de Fatiha, c'est pas un problème. On va te l'avoir par la bande. »

En raccrochant je me dis : « Te voilà en Maigret au Saint-Georges ! » Sauf que le seul cadavre ici c'est le temps. Et le temps ne s'exhume pas. Je n'en quitte pas moins la chambre soulagée.

Jean-Baptiste, le gars de Hachette qui m'accompagne, des libraires, des journalistes m'attendent. Fatma et Wadi me contacteront demain.

Dans les rues d'Alger des foules de manifestants hurlent face aux troupes de l'armée : « Vous ne pouvez pas nous tuer. Nous sommes déjà morts ! » Révulsée par ce slogan, je ponctue, moi, à la radio : « Non ! Non ! Vous êtes plus vivants que jamais ! » D'autres voix m'assiègent ici, celle de Djaout, de tant de disparus... En France, en prévision de ces manifestations, on a bien essayé de me dissuader de partir pour l'Algérie. Pour rien au monde, je n'aurais manqué ça.

Ce *ça* est ici complexe, intriqué.

C'est après l'écriture de *N'zid*, un roman sur l'amnésie, que cette envie du retour chez mes parents s'est imposée. En vérité, elle était là depuis au moins trois ans. Je savais mon père malade. Ce n'est pas tant le risque pour eux, pour moi, qui m'entravait. C'est l'impasse du ne-rien-dire-jamais. Toutes les impasses affectives. Toutes celles du retour. Je n'ai plus *d'étranger* à leur imposer. C'est moi *l'étrangère*. L'écriture de *N'zid* m'a été salutaire. Elle m'a effacée de la terre, de toute terre, de tout désamour, blessure, pour me livrer aux seules pulsations de la mer, de ma Méditerranée. Je m'y suis gorgée de sa respiration, de son entre-deux. Les mots de la mer, ses lumières, son vent ont pacifié mes frontières, mes contradictions. Ils ont remis la pendule de la mémoire à l'heure de la nécessité. J'en suis sortie délivrée des refus, des hantises. Avec la volonté de me réconcilier, de me ruer. D'aller à l'essentiel dans l'écriture aussi.

Sitôt ce livre-là donné à l'éditeur, un autre éditeur, je me suis attelée à celui-ci sans délai. Pour retourner à la source de l'écriture. Ne pas y emprunter que le symptôme, la fiction. Garder dans la ligne de mire le dessein de revoir mon père avant qu'il ne soit trop tard.

C'est en signant les envois de presse de *N'zid*, en mars 2001, que j'ai rencontré les libraires algériens réunis à Paris : « Il faut venir en Algérie. Vous y avez beaucoup de lecteurs. Nous avons besoin de nos écrivains pour la bataille du livre. » Je n'y avais plus signé mes livres depuis 1992. Encore qu'à ce moment-là seul le centre culturel français se chargeait de la mission d'organiser, d'abriter les échanges culturels et artistiques. En 1993, tout a été arrêté par les violences... Je promets. Je n'ai plus qu'à faire coïncider deux exigences dans un même calendrier. Avec la certitude que les satisfactions de l'une allaient soutenir les difficultés de l'autre. J'étais loin de m'imaginer à quel point!

C'est un tournis de rencontres. C'est un éblouissement. La presse algérienne ne me réduit pas au politique. Sur ce registre elle en sait plus long que moi. Elle lit les livres, les décortique, questionne l'écrivain. Je suis époustouflée par un certain nombre d'indomptables. La dégaine de ces frappadingues me fait venir à l'esprit cette phrase de Michel Audiard : *Heureux les fêlés car ils laissent passer la lumière!* J'en ai l'âme irradiée.

Après les signatures, les interviews, les dîners, à des heures indues je me trouve encore face à cette injonction : « Ah, non, tu ne vas pas dormir, non! L'écrivain doit tout voir. On t'emmène dans d'autres centres culturels. Il faut que tu écrives cette Algérie-là aussi. » La fatigue ne compte pas.

Je vais avec... dans des boîtes de nuit. Des lieux de résistance où la nuit continue la vie dans ce qu'on a essayé de bannir d'ici, le plaisir. Je suis loin d'être une habituée des boîtes de nuit. Mais en la circonstance, ça fait tellement de bien.

La plus folle épopée est celle de Constantine. Je ne connais pas la ville. Jusqu'à présent, je ne suis jamais allée dans l'est du pays. Hanachi, le libraire constantinois, est déjà à Alger. Il fait partie de ma joyeuse troupe. Dans l'avion nous sommes cinq : Jean-Baptiste, Ali-Bey, libraire à Alger, Radia, responsable de la succursale Hachette, Hanachi et moi. Je signe dans la librairie de ce dernier demain. Il en fête en même temps les dix ans d'existence. Des interviews m'y sont prévues.

Après un royal festin et autre *centre culturel* tardif, Hanachi entreprend de nous faire visiter sa ville à 3 heures du matin. Quartier par quartier puis les collines environnantes. Nous avons de la chance, c'est la pleine lune. Nous y voyons comme de jour.

À 5 heures du matin, je n'en peux plus. La lassitude de toute la semaine me fond dessus : « Hanachi, s'il te plaît, ramène-moi à l'hôtel. J'ai besoin de me reposer un peu avant les rencontres. – Aou! Tu vas pas me faire ça! Moi, je veux qu'on mange une h'rira à 6 heures. Ensuite, on boit le café ou le thé avec des beignets et des *msemens*. Qu'on prenne la vie chouia – chouia pas pressé avant de nous remettre au boulot. – *Hnache*[1], je veux rentrer à l'hôtel! – *Saha Lalla*[2], puisque tu es venue en Algérie pour dormir, toi! »

Silence. On se boude. Radia éclate de rire. Ali-Bey a toujours l'œil rond, luisant, la moustache qui se trémousse, sa bouille alerte de fennec. Les mains fourrées dans les poches, la tête appuyée à la vitre de la voiture, un sourire béat aux lèvres, Jean-Baptiste s'est endormi.

Arrivée à l'hôtel, je décroche mon téléphone et sombre.

---

1. Serpent.
2. D'accord, madame.

Le retour

Je suis dans l'avion pour Béchar. Cette semaine m'a dopée. C'est une telle joie de voir enfin nos livres sur les présentoirs des librairies ici. Ça regonfle l'orgueil de s'entendre dire par des gens de tout âge, surtout par les étudiants et étudiantes nombreux : « On se reconnaît dans vos livres. On est fiers de vous. » C'est rassurant de ne pas perdre de vue que malgré les massacres, tout ce qui étrangle encore le pays, on n'ait pas réussi à mettre ce peuple à terre. Le désarroi se traduit ici par une incommensurable soif de vivre.

J'ai été comblée d'attentions, de chaleur, d'amitié. En quittant ma petite troupe, j'ai raflé la presse que je n'ai pas eu le temps de lire. Les manifestations continuent en Kabylie. Pour ce qui est de mes interviews, j'ai droit à plusieurs pleines pages dans divers quotidiens. Tout ça m'aide à affronter l'épreuve qui m'attend. J'ai l'impression de n'en être plus à une émotion près. Même si celle-là est... Je ne trouve pas le qualificatif adéquat.

Mais dès que l'avion se met à survoler les hauts plateaux je ne peux plus lire. Le nez collé au hublot, je fixe ces étendues cramoisies. Comme j'aurais aimé les traverser en voiture, les respirer au plus près, me rouler dans cette terre. La route n'est pas encore sûre. J'en ai la gorge serrée. C'est la contrée du nomadisme de ma grand-mère. Je pense à ses histoires de cavalcades. Leurs fulgurances, leurs mêlées de nerfs, de poudre, de poussière, de hennissements et de youyous m'envahissent l'esprit. Je m'en fais une fantasia vue du ciel.

Les premières palmeraies, les premiers renflements des sables. Ça c'est mon désert. C'est moi. Mon cœur se met à cogner dans ma poitrine comme un oiseau encagé. J'en tremble, m'en sens ridicule. Ça ne dure qu'une fraction de seconde. Par la suite, je suis happée, en apnée.

Je suis la première debout dès que l'avion s'immobilise. Je suis la première à en descendre. Je n'ai pas l'impression de marcher. Je suis dans une compression du temps entre passé et présent. Je me cogne à ses concrétions. Elles m'étourdissent. À mon entrée dans le bâtiment de l'aéroport, quelqu'un s'exclame en arabe : « Bienvenue à notre écrivain ! » Je n'ai pas le temps de distinguer l'homme. Mon regard est tout de suite captivé par la délégation qui m'attend : Fatiha, ma mère, deux de mes sœurs, mon oncle. Durant un bref instant, j'ai pris mon oncle pour mon père. Mon oncle est beaucoup plus jeune. Avec l'âge leur ressemblance s'est accentuée. Les visages accusent le temps... J'en déduis dans un cri intérieur : « Mon père ne peut plus se déplacer. » Dans ma mémoire, il est toujours à bicyclette. Des pinces à linge serrent ses pantalons haut sur les mollets. Un chapeau rifain trône sur sa tête de chameau. Il a cette morgue de monarque sans fortune qui fait s'incliner la mère.

Après les embrassades et les pleurs – les pleurs c'est facile même au désert : par quelle avarice ou prétention voudrait-on les réduire au seul climat méditerranéen ? – des gens viennent me saluer. Je ne les reconnais pas. Fatiha tente vainement de me rafraîchir la mémoire : « C'est Untel. Il était avec nous au lycée. C'est... » Ça c'est une histoire confondue entre luttes et haines. Un temps sans discernement aucun. Je n'ai aucune envie de retrouver ça.

Après avoir récupéré son mari, Fatiha nous conduit vers Kénadsa, ma mère, mes deux sœurs et moi. La route longe la dune de mon enfance, de mon adolescence, de mes ascensions solitaires. Elle est exactement comme dans ma tête. Une divinité sculpturale. L'Éternelle couchée. La volupté du sommeil sous des crêtes de l'insomnie. Je ne sais où donner du regard...

La vue de mon père me bouleverse. Il est encore plus vieux que je ne l'avais imaginé. Une petite chose noire, ratatinée sur une banquette, calée par des coussins. Ses yeux démesurés, perçants, contrastent avec la tremblote de ses mains qu'un terrible Parkinson ébroue comme de grosses araignées. Il s'accroche à moi, pleure, ne me lâche plus. Je ne me souviens pas de lui en larmes hormis à la mort de grand-mère. Je m'affale à ses côtés. Une kyrielle de gamins viennent me bécoter. Je suis effarée par leur nombre. Tant de prénoms que je ne peux les retenir. Ces neveux, ces nièces me sont inconnus. Ils sont trop, de trop. J'en oublie que c'est moi qui débarque dans leur vie commune. Après quelques minutes de flottements embarrassés tout ce monde prend place dans la pièce des invités.

La femme de mon jeune frère islamiste sert du thé, du café, des gâteaux. Ce frère-là porte la barbe malgré les trois ans et demi de prison dont il a écopé. Son épouse a un foulard sur la tête même à l'intérieur de la maison. À l'extérieur elle travaille aussi. Elle a un visage doux, radieux.

Soudain, dans le brouhaha qui m'étourdit, me parviennent les lamentions de ma mère : « Tu continues à tout faire pour rendre tes cheveux d'alfa [1] ! » Elle a ce regard en biais qu'elle a toujours posé sur moi. Laisser mes cheveux tirebouchonner au gré de leur fantaisie l'a toujours chagrinée. J'acquiesce, la moue goguenarde. Elle persévère : « Et même en France, tu t'arranges pour être plus noire que nous toutes. » Ses remarques se télescopent dans ma tête avec celles qui, en France, aimeraient me voir *blanchir* mon écriture, *lisser* mes métaphores. Décidément, j'aurai toujours quelque chose de travers... Mais qu'est-ce qui lui arrive ? Elle ne m'a jamais autant parlé. Premières paroles, premiers constats. Je ne suis pas conforme à ce qu'elle se juge encore en droit d'attendre de moi. Même à mon âge ! Qu'est-ce que je suis venue chercher ici ? La confirmation que dans mon cas la solitude est bien l'acte premier de la liberté ? Je me cabre : « Tu vois, ça ? »

1. Herbe des hauts plateaux, de la région d'où est issue la famille de mon père.

Ce disant, je brandis une touffe de mes cheveux, pince la peau de mon bras. « Ça s'appelle l'origine ! » Par égard pour mon père, je me retiens d'aller au bout de ma boutade, d'opposer que dans mes arrachements, mes ailleurs, je n'ai plus que ces stigmates du corps en derniers signes distinctifs de l'identité. Je prends le parti de la titiller là où je sais pouvoir l'atteindre, elle. Elle seule : « Mes pigments ne viennent pas de ton côté. J'ai la peau tannée, le cheveu tordu par une goutte de sang noir descendant des aïeux de grand-mère. »

C'est ce qu'il ne faut pas rappeler. Évidemment. Grand-mère et elle s'étripaient toujours à ce sujet. L'une le revendiquant, l'autre usant de tout son mépris pour le renier. Sa grimace dédaigneuse prend à témoin l'assemblée de mon offense. Je m'en réjouis. Mais c'est qu'elle est encore vivante. Elle ne s'est pas totalement fossilisée. Comme je le croyais.

La main flageolante de mon père, que j'avais lâchée sous l'emprise de la réplique, revient par saccades s'emparer de la mienne. Tout à coup j'en observe la couleur sur ma propre main. La sienne est beaucoup plus sombre. Je la serre très fort, prends soudain conscience que ma repartie le venge de la vieillesse, de la maladie, qui l'ont peu à peu réduit à la merci de sa femme. De sa revanche. J'en sursaute, me tourne vers lui. Il me sourit. Il y a une telle ardeur dans ses yeux.

À le voir ainsi perclus par l'infirmité, reclus sur une banquette, une évidence s'impose : c'est parce qu'il ne peut plus bouger, plus rien assumer d'autre qu'il se laisse aller à l'émotion. C'est aussi pour cette raison que la mère, elle, est contrainte à une autre charge, une autre responsabilité. À leurs prises de paroles aussi. À présent elle règne et se débat en grand-mère. Je ne l'avais encore jamais vue dans cette situation. J'observe tous les petits-fils qui l'assaillent. Comment elle cajole. La façon dont elle fond à leurs gazouillis. Malgré tous mes griefs, mes préventions, je ne peux m'empêcher de la trouver attachante. À travers les discussions, je comprends que les difficultés, les douleurs sont innombrables : l'aîné des garçons est en prison pour un motif tout autre que le benjamin. Il a cinq enfants. Elle en sanglote.

À l'évocation d'autres frères, à des sous-entendus, j'interprète que la liste des problèmes est encore plus longue. Les deux sœurs qui sont là ont divorcé. Elles vivent chez les parents avec leurs enfants. Elles n'ont pas de travail. L'une d'elles s'adresse à Fatiha : « Tu sais avant-hier, tu venais juste de partir après nous avoir avertis que quelqu'un nous a crié de la rue : Il y a Malika à la radio. On l'a allumée. On a écouté. On a dit quelle tête ! » Approbation générale. Je suis heureuse que Fatiha et son mari soient là. Leur présence allège quelque peu la gravité du moment.

Je saisis ce répit pour me lever : « Où puis-je ouvrir mes valises ? J'ai des cadeaux. » Ma mère me dirige vers une pièce. La plus jeune des sœurs suit, s'arrête au seuil : « Peut-être faut-il vous laisser seules ? Peut-être avez-vous à parler ? » Ma mère se tourne vers elle péremptoire : « Oui ! » L'autre disparaît aussitôt en refermant la porte. Je fixe ma mère. Elle annonce à brûle-pourpoint : « Ton frère te demande sept millions français ! » Il s'agit de l'emprisonné bien sûr. Je n'ai pas besoin d'un dessin. De toute évidence, c'est elle qui a besoin d'argent pour sa défense, pour nourrir ses enfants. C'est elle qui décide du montant de mon impôt à la tribu.

J'avais un moment espéré qu'elle allait enfin s'inquiéter de ma vie à moi. Me demander seulement si j'étais bien. Comment je vivais ma solitude. Ils savent évidemment que nous nous sommes séparés Jean-Louis et moi voilà plus de sept ans. Ça ne fait guère que dix ou onze ans que nous ne nous sommes vues, elle et moi. Et puis, je ne suis ici que depuis une heure! Estomaquée, j'en ravale la peine comme la colère. J'ai en face de moi une mère saccagée par ce qui arrive à son fils. Moi, je ne sais pas d'où elle me regarde, d'où elle me parle. Quand elle y parvient. Et ça, ce n'est pas d'aujourd'hui. J'essaie de me contenir sans parvenir à étouffer complètement mon agacement : « Je vous ai apporté de l'argent bien sûr. Je vais te le donner. Mais je n'ai pas cette somme Tiens. Ça aussi c'est pour toi. »

Les bras chargés d'offrandes pour les autres, je la plante là et quitte la pièce. Je me suis ruinée en présents de toute sorte. Qu'importe. Jamais ils ne comprendront que je ne veuille pas travailler pour être riche mais pour une liberté de tout instant. C'est hors de leur raison. Jamais ils ne pourront concevoir que la renommée n'ait rien à voir avec des sommes colossales d'argent. Je distribue les présents et retourne m'asseoir près de mon père. Lui, il cherche aussitôt ma main, la presse. Je me calme. Je n'ai pas à me disperser, à laisser parasiter, corrompre cet instant. Par quoi que ce soit. C'est pour lui que je suis revenue. Pour que cet amour, encore vivant mais jusqu'alors anéanti, confisqué par la tradition, les conventions sociales, mes rébellions, puisse enfin se manifester un peu. De cet amour, je n'ai jamais douté malgré tous nos affrontements. J'ai seulement tenu à exister entièrement à ses yeux comme aux miens. Maintenant mon père est au bout de sa vie. Je ne veux pas qu'il parte avec cette souffrance. La mienne en sera certainement moins lourde. Ma main dans le tremblement des siennes, ça n'a pas de prix. Ça n'a pas besoin de mots.

Mon oncle nous rejoint avec sa femme et ses filles. J'ai laissé celles-ci enfants. Elles sont femmes. Elles sont mères. Quelques-unes portent le foulard. Je sais que mon oncle n'y est pour rien. L'embrigadement du pays, le détournement de l'école, tout ça...

Malgré la main de mon père, c'est face à eux que je me sens étrangère. L'exil c'est ça. C'est ici que j'en reprends la mesure. Je me suis sauvée dans toutes les acceptions du mot. J'ai couru, cassé, dévoré, bu, vu au plus vite, au plus loin pour échapper à tout, à tous. Eux sont allés au rythme de l'ensemble pour ne pas se perdre. Pour rester unis. À cette allure-là ni l'étau de la misère ni les tragédies, les piétinements du pays ne pouvaient les lâcher.

Mais les lieux, la dune, le désert, je m'y reconnais. Ils m'ont forgée aux feux du sable et de la pierre. Ils m'ont insufflé leurs intempérances. Ils restent inscrits dans ma chair et dans mon mental où que je sois.

Mon père me parle du film : *Les plumes du désert* retraçant les trajectoires de trois enfants de Kénadsa, Mohamed Moulessehoul alias Yasmina Khadra, Pierre Rabhi et moi. Les yeux remplis d'un orgueil de gamin, il conclut : « Les autres sont nés ici, certes. Mais il n'y a que toi qui y aies vécu. » Je suis au courant de ce film. Il paraîtrait que sa projection est prévue pour l'été à Oran et Alger. Il me semble pour le moins curieux qu'on ait pu le réaliser en interviewant ceux qui ne savaient plus grand-chose de mon parcours depuis autant de temps. Mais bien sûr, il y a eu mes livres... « Tu sais, il y a ta photo dans la maison de la culture du village. – Ah bon ? » D'une main agitée, mon père farfouille dans sa poche, me tend la carte de visite du réalisateur. Je cherche mes lunettes, ne les trouve pas. Elles sont restées dans l'avion. Happée par l'apparition des hauts plateaux, j'ai dû les poser sur les journaux. Avec le bouleversement, la précipitation de l'arrivée, elles ont dû glisser, tomber. Je n'y ai pas pris garde. Au fond de moi une petite voix susurre : *Acte manqué dans toute sa splendeur!* Ça doit être ça. Je ne veux pas tout voir d'un coup pour ne pas me terrasser. Je veux d'abord sentir. Seulement le flair, la peau pour appréhender ce que je peux faire. Ce que je dois continuer à fuir. À l'instar de l'instinct sauvage qui me tirait, enfant, de l'étau familial refermé sur le sommeil. Laisser du flou sur la peine pour me concentrer sur la caresse de mon père. Afin de mieux la retenir. De bien m'en souvenir.

Je lui rends la carte : « Garde-la dans ta poche. » Je ne sais depuis combien de temps il la couve comme la relique d'un trésor inouï... J'ai peu de chances de récupérer mes lunettes demain à l'aéroport. J'espère que je pourrai me procurer des loupes à Alger demain. J'en ai absolument besoin pour ma séance de signatures à Oran... Mon oncle me rassure : « Cheikh – un bon copain du lycée ; devenu ophtalmologue à Béchar, il s'est lié d'amitié avec mon oncle – t'en donnera. Il veut absolument te voir avant ton départ. Il t'attendra à l'aéroport. »

J'ai osé ça : revenir pour vingt-quatre heures après vingt-quatre ans d'absence. Et ça suffit bien. J'ai l'impression d'avoir le corps et le cœur dévis-

300

sés. Les rendez-vous qui m'attendent encore vont me remonter, me remettre en état de marche.

Tard le soir, Fatiha, son mari, mon oncle et ses filles nous quittent pour Béchar. Je m'occupe de coucher mon père, reste longtemps à son chevet, m'inquiète des nouvelles d'un certain nombre de connaissances du village. Il dit quelques mots de chacun. Son résumé se termine toujours par les louanges, l'admiration que ceux-ci perdurent à me témoigner. Dans ce leitmotiv j'entends surtout sa volonté de convertir ce qu'il pressent de mon silence, de me persuader du capital d'estime et d'attention dont je dispose ici. De sa fierté.

Ma mère, ma tante et mes sœurs sont devant la télévision. Je les rejoins. Ma mère se pousse, me fait une place. Je me dépouille du reste d'argent français que j'avais gardé pour la fin de mon voyage : « Tiens. Avec ce que je t'ai donné tout à l'heure, de combien tu aurais encore réellement besoin ? – Tant. – D'accord. Fatma et Wadi te l'enverront d'Oran. Je m'arrange avec eux. Je les vois après-demain. »

301

Allongée dans le noir, je songe au ksar, à la maison où j'ai grandi. Je n'aurai pas le temps d'aller les voir. Fatiha doit venir me chercher à 17 heures pour me reconduire à l'aéroport. Je veux passer la journée près de mon père. Le manque cuisant des lieux m'aidera à revenir. Pour m'apaiser, je pense à Fatma et Wadi, me réjouis de les revoir. Après-demain on se fait une fête! J'ai laissé Oran pour la fin. Pour la faim de l'affection. C'est de là que je repartirai vers Montpellier.

La maison est plus calme. Les enfants sont à l'école, les hommes à leurs maigres occupations. Tenus l'un par l'autre, mon père et moi évoquant, par moments, des choses sans importance. Mais la plupart du temps, nous nous contentons de nous sourire, de nous cajoler, laissant s'égrener le silence des non-dits. Ce que j'apprécie par-dessus tout, c'est la totale absence de reproches. Cela me rend plus tolérable le fait qu'il ne sache absolument rien de ma vie en France.

À l'apparition de Fatiha à l'heure prévue, mon père sursaute, ses tremblements s'accentuent. Dans cet accès de panique, il me demande : « Quand reviendras-tu ? – Cet hiver. – Quand dans l'hiver ? – En décembre. D'accord... Je veux qu'on me mette une chaise devant la maison. Je veux te regarder partir. Aide-moi à me lever, conduis-moi. » Je le tiens. Nous avançons à petits pas grippés. Il m'arrête soudain, ajoute : « Je n'ai plus que ce loisir-là, m'asseoir un moment dehors. Mais l'hiver la djellaba m'est trop lourde. Puisque tu reviens en décembre, apporte-moi un manteau léger. » Un manteau léger ! Ces mots me font chavirer : « Oui, je t'apporterai un manteau léger. » J'ai du mal à refouler les larmes.

La voiture démarre : « Fatiha, juste un détour, s'il te plaît, par le ksar. »

Il est en ruine. La dune l'enserre au-dessus du cimetière : *Le ksar me semble bâti pour mes yeux, j'en aime la teinte...* Je reprends à mon compte la phrase d'Isabelle Eberhardt à son propos. Mes pensées saluent sa mémoire, lui adressent des gerbes d'ocre, de brun, de violine. Je savais ce patrimoine en décombres. En 1992, pendant que l'Algérie se faisait hara-kiri, l'héroïne de mon roman, *L'interdite*, est revenue enterrer un amour dans ces éboulis.

Fatiha m'interroge du regard, je réponds : « C'est bon, on continue. Si je mettais le pied à terre, je n'aurais pas le courage de m'en aller tout de suite. »

Sur la route, dans la chaleur suffocante de cette fin d'après-midi de mai, la demande de mon père martèle dans ma tête : *Apporte-moi un manteau léger.*

Le pardon?

21 décembre 2001, je reviens. J'ai *rendez-vous* avec mon père. Dans le désert, seule Fatiha est au courant de ce voyage. Elle vient me cueillir à l'aéroport avec son fils aîné. Je veux passer la soirée avec elle, chez elle. Nous avons à mettre au point les détails pratiques d'une escapade jusqu'à Timimoun. Seules toutes les deux de Béchar à Timimoun par la route. Plus de sept cents kilomètres. C'est la première fois que je partirai du désert pour si loin dans le désert. Jusqu'au bac, je ne quittais jamais la région de Béchar. Quand j'ai pu m'en échapper, je ne suis plus revenue. Trop de chagrin et d'angoisse. Fatma et Wadi nous rejoindront à Timimoun pour les fêtes de fin d'année. Envisager ce périple avec Fatiha, c'est déjà une bouffée de vacances avant les tribulations de Kénadsa. Depuis mai je me suis infligé une vie infernale entre la médecine, l'écriture de ce livre, les soucis au sujet

d'un couple d'amis chers, victimes d'un grave accident...

Cette fois j'ai décidé d'arriver à Kénadsa sans avertir. Je n'ai eu aucune nouvelle depuis mai. Je n'en ai pas donné puisqu'ils n'ont pas de téléphone. Le courrier, ce n'est même pas la peine d'y penser. C'est tellement long. Du reste, mes parents ne lisent ni l'arabe ni le français. Difficile d'écrire dans ce cas. Quand après tant d'années de mutisme, de déchirures, les mots doivent emprunter une voie qu'on ne choisit pas.

J'ai fait un bref passage par Alger pour une rencontre d'écrivains avec le public. La première fois depuis... C'est fou ce que ce pays a le don de détruire les volontés, les entreprises pour toujours acculer aux premières fois sans fin. Un duel de Titans macabre et grotesque dont nous sommes les marionnettes. Quoi qu'il en soit de la lucidité, du sarcasme, c'était bon. C'était bon cet échange à partir de la marge de l'écriture, de ses inquiétudes, de ses remises en question face à un public de cette qualité-là. Ça vous transforme même un pantin en héros. La veille et le soir, il y a eu des discussions à n'en plus finir entre nous. Je sortais d'une garde de quatre jours. C'est dire l'état dans lequel j'ai atterri à Béchar. Une zombie qui n'arrive pas à s'assommer complètement.

306

Je ne suis restée qu'un jour et demi à Alger malgré les sollicitations. J'étais résolue à consacrer le maximum de mon temps au désert. À m'y retrouver. Mais Kénadsa, j'ai conscience que je ne puis y demeurer guère davantage que lors du premier séjour. Certes, je compte sur les instants privilégiés avec mon père. Mais aussi capital que puisse être ce rendez-vous, il ne peut pas colmater les failles... Du reste, je serais bien incapable de passer des journées entières assise en *invitée*. À écouter les palabres des femmes de la maison. Je ne pourrais endurer longtemps les propos aux relents racistes et les balivernes. Les premiers me mettraient hors de moi. Les secondes m'assommeraient. Or, je ne veux pas, je n'ai aucune envie de piquer des colères contre eux. Je ne reviens ni pour étouffer ni pour me remettre à hurler. J'ai réfléchi à tout ça chez moi. J'ai écrit ça à Montpellier. Les pensées sont déjà passées par le crible de l'écriture. Par le diagnostic du médecin... Le salut est de l'étoffe de la réfractaire. Il est dans les marques de la fugueuse, de la fougueuse, de l'insomniaque qui rompt tous les liens. Du reste le rôle de dignitaire qu'on m'a déjà confectionné ici m'incite plutôt à prendre la poudre d'escampette.

Je fais enfin connaissance avec les magnifiques enfants de Fatiha à peine entrevus dans le tumulte la dernière fois. Fatiha me gâte, me borde au lit avec les mêmes rires légers qui m'arrêtaient adolescente. Le lendemain après une grasse matinée et un déjeuner mitonné : « Qu'est-ce que tu veux faire ? Te promener à Béchar et autour ? Te reposer un peu plus ? – Je veux aller à Kénadsa. » Elle a une plaidoirie dans l'après-midi. C'est son fils aîné qui m'y conduit.

Mon père s'est beaucoup affaibli en six mois. Malgré son regard inchangé, il est en train de s'éteindre. Je lui ai apporté un manteau léger. Très léger. Je le lui fais endosser. Il est parfaitement à sa taille. Même la longueur des manches, c'est ça. J'en tremble d'émotion. Appuyé à ses oreillers, il en caresse le cachemire. Aucun roi ne serait digne d'être son cousin. Nous avons l'air de deux enfants qui soudain prennent leurs jeux trop au sérieux, en frémissent d'attention, captivant celle de l'interminable marmaille pour le coup muée en spectatrice. J'ai des cadeaux même pour celle-ci. Suis-je en train de prendre goût au rôle de mère Noël au désert ? Il faudra que je veille à ne pas les y habituer. Ils sont bien trop nombreux. En plus des sœurs, trois des frères sont là avec femmes – encore des têtes à foulard – et descendance. Je ne sais combien de temps je pourrai résister. Je veux revoir le village, m'y promener.

Avec ma mère les rapports restent heurtés. Mais cette fois, j'ai mis un fil à mes lunettes. Je les porte autour du cou pour ne pas me perdre. Il me suffit de les poser sur le nez pour lui signifier : « Est-ce que tu m'as vue ?! » Je ne suis pas prête à céder à ses revendications inconsidérées. Pas prête à me charger de la foule de tracas de toutes les ramifications de sa tribu. Son manque d'attention à mon égard n'est pas pour m'en dissuader.

C'est pas bézef une chambre par famille bambins compris. Les couchages n'ont pas changé. Une couverture sur le sol, une autre par-dessus. Tous soudés par le même sommeil. Il n'y a pas un lit dans la maison. Moi, je dors sur une banquette, seule, dans *la pièce des invités*. Tout ça me rappelle bien des souvenirs... Sauf qu'il n'y a plus aucun livre en dehors de ceux que je sors de mes valises posées à proximité.

Couchée très tard, je me réveille aux aurores au passage des premiers taxis emportant des fournées de travailleurs vers Béchar. Les fenêtres de la pièce donnent sur la rue. Elles n'ont pas de double vitrage, bien sûr. Je me lève. J'ai tellement hâte d'aller arpenter les lieux.

Je pénètre dans *la maison de la culture* sur la place du village. Il s'agit en fait d'un musée. Il y a là toute la mémoire des mines de charbon de la région que l'ère du pétrole a enterrées. Des pupitres vitrés trônent au milieu de la salle. Je m'en approche, vois des photos de moi dans divers articles de presse. L'effroi me cheville la colonne vertébrale : « Je suis sous verre dans un musée de mon vivant. » Mais mon regard est vite attiré par un autre visage que je connais bien : Isabelle Eberhardt ! Sa présence à mes côtés, elle défunte, restitue aussitôt à cette découverte sa véritable signification : l'hommage. Il n'y a là rien de morbide. Je fais partie de la mémoire de ce lieu. C'est tout. J'y suis au milieu des costumes et des instruments rudimentaires des travailleurs du fond des mines. J'y côtoie Isabelle Eberhardt. Cela me bouleverse.

Je me dirige vers le ksar les yeux encore chamboulés. Je visite les ruines en lente rénovation, la dune, le cimetière. Je plante les mains dans la terre de la tombe de ma grand-mère. Des phrases d'elle resurgissent dans ma tête. Je ne les ai jamais oubliées. Elles sont à l'œuvre dans tous mes livres.

Bien avant les mots écrits de l'autre langue, ce sont ses paroles qui m'ont donné à rêver, qui m'ont incitée à la pertinence, à la dissidence. Elles qui m'ont rendue attentive à la signification parfois mortelle, parfois divine des mots. Je revois sa colère face au racisme des Algériens à l'encontre des Noirs. Je l'entends m'avertir : « Tu te rends compte, ils ne disent pas *khal*, noir. Ils disent *abd*, esclave, pour les désigner ! » Et sa repartie un jour de grande fureur à propos de la même infamie : « Si tu n'aimes pas le noir, tu n'as qu'à l'enlever de tes yeux ! » Parmi ce peuple aux yeux majoritairement noirs, elle m'avait appris à dégainer cette phrase pour signifier que *l'abjection n'avait pas de couleur.*

La maison où j'ai grandi est fermée. Elle n'a pas changé de l'extérieur. Mais son environnement est méconnaissable. Il n'y a plus de jardin. Plus un roseau. Deux ou trois tamaris qui résistent encore font figure de dinosaures. Seule la dune traverse les décennies, inchangée.

Je reste deux jours à Kénadsa. Pratiquement sans dormir. Le bruit de quelques voitures tôt le matin n'en est, certes, pas la seule cause. En dehors de mon tour de reconnaissance dans le village, de deux heures de respiration auprès de Fatiha, j'ai passé le plus clair de mon temps assise à côté de mon père.

Au moment des adieux, il se met à pleurer : « Je ne sais pas si on se reverra, ma fille, alors *smah*, pardon ma fille. Ma bénédiction t'accompagne. » Une petite voix de garce fuse au fond de moi : « On dit toujours ça quand tout est foutu ! »

Terrassée, je m'accroupis un peu plus, prends son visage dans mes mains, embrasse ses larmes aux coins des yeux et me précipite dehors. *Smah*, pardon, ce mot n'a qu'une signification : mon père va bientôt céder à l'ultime sommeil et je ne serai pas là pour lui tenir la main. Pour lui fermer les yeux.

TABLE

TABLE

Cet ouvrage a été composé et imprimé par

FIRMIN DIDOT

GROUPE CPI

Mesnil-sur-l'Estrée

pour le compte des Éditions Grasset
en avril 2005

Imprimé en France
Première édition, dépôt légal : janvier 2003
Nouveau tirage, dépôt légal : avril 2005
N° d'édition : 13806 – N° d'impression : 73571
ISBN : 2-246-64331-7

title - 202
714
220
Mistake? 254
247 sans amour